아이들 안에 각자의 미래가 있다.

발도르프 교육 이해하기

1판 1쇄 발행일 2017년 8월 16일
1판 2쇄 발행일 2018년 12월 11일

지은이 잭 페트라시
옮긴이 강도은

펴낸이 권미경
펴낸곳 무지개다리너머
주소 서울시 은평구 응암로 310 파인빌딩 501호
전화 02-357-5768
팩스 0504-367-7201
이메일 beyondbook7@gmail.com
블로그 blog.naver.com/brbbook
등록번호 제25100-2016-000014호(2016. 2. 4.)
ISBN 979-11-956821-4-0 03370

이 도서의 국립중앙도서관 출판사도서목록(CIP)은 서지정보유통지원시스템 홈페이지(http://seoji.nl.go.kr)와 국가자료공동목록시스템(http://www.nl.go.kr/kolisnet)에서 이용하실 수 있습니다.(CIP제어번호: CIP2017018875)

교육 개혁을 위해 가장 필요한 모델

발도르프 교육 이해하기

잭 페트라시 지음 | 강도은 옮김

무지개다리너머

"잭 페트라시의 생생하고, 현명하고, 깊이 감동적인 이 책을 읽으면서 나는 발도르프 교육을 새롭게 발견하고 이해할 수 있었다. 비록 내가 거의 25년 동안이나 발도르프 학부모였고 거의 2년 동안 발도르프 선생님으로 지내 오고는 있지만, 페트라시가 이 책에서 탐구하고 있는 발도르프 커리큘럼의 세 겹으로 된 접근 방법을 읽으면서 나는 새롭고 분명하게 발도르프 교육을 이해할 수 있었다. 부모, 교육가, 정책 입안자, 아니면 그냥 인간의 성장과 배움에 관심이 있는 사람이든 상관없이, 이 책을 읽으시라. 그러면 '머리, 가슴, 손'을 전부 활용하는 실제적으로 가치 있는 이 교육이 어떤 식으로 우리 아이들과 우리가 만들어 내길 희망하는 미래에 도움이 되는지를 배우게 될 것이다."

– 에릭 유트네(Eric Utne), 〈유튼 리더(Utne Reader, 미국의 세계적인 대안 언론)〉 설립자

"발도르프 교육에 관해 이야기를 듣는 일과 그것을 정확히 이해하는 일 사이에는 대단히 큰 차이가 존재한다. 바로 이런 이유 때문에 지금 여러분들이 손에 들고 있는 이 책이 나온 것이다."

– 존 테일러 개토(John Taylor Gatto), 전 올해의 뉴욕 주 교사, 《바보 만들기(Dumbing Us Down)》 저자

"이 책은 폭넓은 독자층을 가질 자격이 충분히 있는 책이다. 왜냐하면 진정한 배움이 일어나려면 선생님들과 학생들 사이에 어떤 일들이 생겨나야 하는지를 깊이 이해하고 있는 뛰어난 선생님이 쓴 책이기 때문이다. 또 지금 우리의 학교들이 미래에 아무 효과가 없을 외적인 '해결책들'로 또다시 공격을 당하고 있는 시기에, 이 책은 어둠 속에서 우리가 길을 찾을 수 있도록 도와줄 교육의 내적인 접근 방법을 분명하게 보여 주고 있기 때문이다."

- 파커 파머(Parker J. Palmer), 《가르칠 수 있는 용기(The Courage to Teach)》와 《삶이 내게 말을 걸어올 때(Let Your Life Speak)》 저자

"저자는 뛰어난 선생님이면서 또한 교육이라는 예술을 소개하는 일에 자신의 모든 능력을 집중하고 있다. 그는 발도르프 교육의 밑바탕을 이루는 통찰들을 하나씩 쌓아 올리면서 교실에서 이루어지고 있는 수업에 환히 빛을 비추고 있다. 따스함, 경이로움, 지혜로움을 가지고서 아이들을 교육할 수 있는 가능성을 보여 주면서 말이다.

- 제프 케인(Jeff Kane), 〈교육, 정보, 변형: 배움과 가르침에 관한 에세이들(Information and Transformation: Essays on Learning and Thinking)〉 편집자

* 일러두기
각주는 모두 옮긴이의 주석이다.

서문

발도르프 학교 교육의 비밀들은 우리가 시간을 들여서 잭 페트라시와 그의 책을 가지고서 탐구해 볼 만한 충분한 가치가 있다. 이상하게 들리지만, 발도르프 교육이 지닌 지혜에 다가가는 가장 좋은 방법은 지금 학교에서 행해지는 교육 방법론이 어떤 것인지를 이해하는 것으로 충분할 것이다.

19세기 중반에 호레이스 만(Horace Mann)*과 다른 이들은 모든 학교 교육에 적용되는 획일적인 프러시아적인 방법을 미국 교육에 도입했다. 그런데 프랑스 에세이스트 알렉시스 드 토크빌(Alexis De Tocqueville)**이 쓴 불후의 고전인 《미국의 민주주의(Democracy in America)》에 따르면, 그 당시 미국은 가장 교양 있는 국가라고 이미 인정을 받고 있는 나라였다.

---

* 호레이스 만(1796-1859): 미국의 교육 행정가. 미국 공교육의 행정 조직을 확립하였다.

** 알렉시스 드 토크빌(1805-1859): 프랑스의 정치 철학자, 역사가. 대표적인 자유주의 사상가로 1831년 미국을 방문해서 얻은 경험과 연구를 바탕으로 사회 정치학 분야의 중요한 저서인 《미국의 민주주의》를 썼다.

토크빌이 보기에, 미국은 하나 혹은 두 개의 교실을 두고서 통합적으로 학교 교육이 이루어지고 있는 나라였고, 수십 개 또는 수백 개의 교육 계획들이 서로 겨루고 있던 나라였다. 또한 지역적인 전통들과 지역적인 가치들, 시민들의 감독을 통해서 교육적인 힘을 얻고 있었다. 그래서 마치 죄수에게 입히는 구속복 같은 획일적인 프러시아적인 교육 방법은 미국의 이 교육적인 장면에 그때까지 어떤 역할도 하지 못했다.

발도르프 교육의 훌륭한 특성들에 관해서는 아주 쉽게 이야기를 들을 수 있다. 발도르프 교육은 루돌프 슈타이너(Rudolf Steiner)라는 오스트리아의 비범한 철학자가 고안해서, 제1차 세계대전이 끝난 1919년에 독일 슈투트가르트에 있는 '발도르프 아스토리아(Waldorf-Astoria) 담배 공장'에서 일하는 노동자들의 자녀들을 위해서 처음 도입되었다. 하지만 발도르프 교육에 관해 이야기를 듣는 일과 그것을 정확히 이해하는 일 사이에는 대단히 큰 차이가 존재한다. 바로 이런 이유 때문에 지금 여러분들이 손에 들고 있는 이 책이 나온 것이다.

발도르프 교육을 이끌어 온 슈타이너 철학은 인간이 무한한 가능성을 지녔다고 생각하는 철학이다. 학교를 설립할 때 설립자가 인간의 본성에 관해서 어떠한 전제들을 갖고서 출발하든지 간에, 학교 시스템이 점차 분명해지게 되면 불가피하게 그 전제들을 강화하게 될 것이다. 말하자면, 어떤 학교의 모습은 최초 설립자가 마음 깊이 지니고 있는 인간성에 대한 신념들을 반영하고 있으며, 가장 훌륭한 세계가 어떤 것이라는 사회적 신념들을 반영하기 마련이다.

발도르프 교육은 비범한 재능을 모두 인정하고 그 재능의 근육을 잘 다루기 위해 아주 신중하게 출발한다. 여러분이 지금 배우고 있는 교육 방법론적인 정통성과는 매우 다른 방식을 이용한다.

발도르프 교육을 받은 아이들을 만나 본 나의 경험은 놀라울 정도로 긍정적이었다. 비록 공립학교에서 30여 년간 교사였지만, 나는 학교 개혁에 관한 대중 강연자로서 미국 전역에 있는 발도르프 학교에서 강의를 해달라는 초청을 받는 행운을 누려 왔다. 이런 강연 여행을 하면서 나는 교육에서 무엇이 가능할 수 있는지를 새롭게 발견하곤 했다.

실제적인 교육 방법에 관해서 내가 대략적인 설명을 시작할 수도 있겠지만, 이 책을 쓴 저자가 벌써 훌륭한 방법으로 그 일을 해 놓았다. 여러분도 그가 아주 명확하게 설명하고 있는 바를 틀림없이 찾아낼 수 있을 것이다. 내가 그랬듯이 말이다.

존 테일러 개토(John Taylor Gatto)*
전 올해의 뉴욕 주 교사
저서로 《바보 만들기(Dumbing Us Down)》
《학교의 배신(A Different Kind of Teacher)》
《미국 교육의 숨겨진 역사(The Underground History of American Education)》 등이 있다.
www.johntaylorgatto.com

---

* 존 테일러 개토(1935-): 30여 년 동안 뉴욕의 공립학교에서 선생님으로 근무했으며, 학교 제도를 비판하고 근본적인 개혁을 촉구하는 활동을 하고 있다. 뉴욕 주의 올해의 교사상을 세 번 받았다.

차 례

3장_ 발도르프 유치원

4장_ 발도르프 초등학교

5장_ 발도르프 고등학교

6장_ 없어서는 안 될 중요한 부모 역할

7장_ 선생님의 여정

8장_ 참된 인간 교육을 향하여

들어가는 말

몇 년 전에 맥아더 재단(MacArthur Foundation)*은 '탁월한 인물상'이라는 명성 있는 상을 이스트 할렘(East Harlem) 학군 출신으로 뉴욕시에서 학교 교장을 하고 있는 데보라 마이어(Deborah Meier) 교장에게 수여했다. 그녀는 자신이 맡은 공립학교에서 세 가지 놀라운 혁신을 이루어 낸 것으로 이 상의 추천을 받았다.

첫 번째 혁신은 수업 시간이다. 마이어 교장은 45분 단위로 이루어지는 기존의 수업 시간이 배움에 도움이 안 된다고 보았다. 그래서 교육과정이 보다 집중적이고 깊이 있게 이루어질 수 있도록 자신이 맡은 학교에서 각 과목당 수업 시간을 두 배로 늘렸다.

두 번째로, 효과적인 가르침은 선생님들이 자기가 맡은 과목만 가르치는 식으로는 이루어지지 않는다고 생각했다. 그리하여 교과목들을 통합적으로 가르칠 수 있는 프로그램을 마련했다. 가령, 음악 선생님은 역사를 가르치는 데 도움을 줄 수 있고, 미술 선생님은

* 맥아더 재단: 창조적 인간, 효율적 기관, 영향력 있는 네트워크를 지원하여 보다 젊고 평화로운 세상을 만드는 것을 목표로 하며 약 50개 국의 비영리 단체를 지원.

과학을 가르치는 데 도움을 줄 수 있으며, 작문 수업에서 수학을 가르칠 수도 있는 방식을 도입한 것이다.

세 번째로, 그녀는 선생님들을 비롯한 교직원들에게 학교 정책을 만들어 내는 의사 결정 과정에 적극 참여해 달라고 요청하였다. 그래서 선생님들이 자기 교실에서 이루어지는 공부에 직접적인 영향력을 행사할 수 있도록 했다.

마이어 교장의 아이디어들은 미국 전역에 있는 학교들에 혁신을 일으키는 결과를 낳았다. 변화를 위한 시기가 잘 맞았던 것이다. 하지만 이 아이디어들은 결코 새로운 것이 아니었다. 첫 번째 지구의 날이 제정되기 오래 전부터 환경주의자들이 있었던 것처럼, 이런 교육 혁신이 있기 전에 발도르프 학교들은 75년이 넘는 세월 동안 이 세 가지의 교육 원리들을 실제로 활용하고 있었기 때문이다. 발도르프 교육은 어떻게 이 비결을 가장 잘 유지해 왔을까?

이 책은 발도르프 교육의 접근법을 보다 널리 알리려는 시도로 쓰였다. 다시 말해 20세기 초에 처음 발도르프 학교를 시작했던 루돌프 슈타이너의 작업에 오늘날의 학교 교육이 가까이 다가가면서 가장 긍정적으로 교육을 개혁할 수 있는 방법들을 보여 주려는 목적으로 이 책을 썼다. 나는 이 책이 누구나 알아들을 수 있는 언어로 발도르프 교육의 몇몇 근본 원리들을 전달할 수 있기를 바라고 있다. 그래서 부모들, 선생님들, 미래의 선생님들이 교육에 대한 즐겁고, 실제적이고, 건강한 이 방법의 중요한 측면들을 이해할 수 있기를 바란다.

아이들의 교육적인 발달 상황을 평가하는 수단으로 최근에 강화되고 있는 표준화된 시험은 발도르프 교육에서 보면 문제가 많은 평가 기준이다. 왜냐하면 시험 성적은 일반적으로 학생이 가진 능력들을 불완전한 방식으로만 보여 주기 때문이다.

1장_ 시야 넓히기

"발도르프 교육은 개별적인 아이의 발달에 초점을 맞추고 있으며, 건강한 사회를 위해서는 먼저 건강한 개인이 필요하다는 확신을 갖고 있는 교육이다."

- 유네스코 국제 교육회의

3학년 학생들이 일요일 아침 일찍 학교에 도착했다. 5일 동안 뉴욕 주 북부에 있는 한 낙농장으로 체험 학습을 하러 가는 아이들의 여행 가방들이 버스에 실렸다. 농장에서 아이들은 젖소들을 돌보고, 헛간을 치우고, 달걀을 꺼내 오는 일을 도울 예정이다. 그리고 여러 가지 삶의 방식들을 경험할 것이다. 이 여행은 아이들에게 아주 중요하다. 많은 아이들이 처음으로 부모로부터 떨어져 지내는 경험을 하기 때문이다. 학생들은 오랫동안 이 여행을 준비해 왔다. 이 학교에서는 3학년 아이들 전부가 농장 여행을 간다는 사실을 아이들은 전부터 알고 있었다. 이것은 하나의 통과의례이고, 기대감과 어느 정도의 불안감이 학생들의 마음을 채우고 있다.

이 여행을 위해서 그동안 담임 선생님도 학생들을 준비시켜 왔다. 가장 중요한 것들 몇 가지는 농장에서 아이들이 먹게 될 식사에 초점을 맞춰서 이야기를 해왔다. 아이들은 예전에 한 번도 먹어 본 적이 없는 음식들을 제공받게 될지도 모른다는 이야기를 들었다. 그리고 (음식 알레르기가 있는 경우가 아니라면) 모든 음식을 조금씩 먹어 보는 게 좋을 것이라는 이야기도 들었다. 이것은 곧 많은 아이들이 이 경험을 통해서 자신들의 음식 지평을 넓혀야 한다는 것을 의미한다. 그리고 아이들은 그렇게 할 것이다.

농장에서 많은 경험을 한 아이들은 집으로 돌아가서 부모에게 자기가 한 경험을 이야기할 것이다. 자기들이 실제로 리마콩 요리 혹은 비트 요리를 처음으로 먹어 보았고, "그것들이 맛있었다"고 말할 것이다. 또는 자기들이 직접 만드는 걸 도왔던 거친 통밀 빵을 먹어 보았는데 맛이 좋았다고 말할 것이다. 이런 일이 일어나면 모든 사람들(부모들, 선생님들, 특히나 아이들)이 기뻐할 것이다. 이처럼 아이들은 자신의 시야를 넓혀야 하고, "모든 것을 어느 정도 시도해 보아야 한다"라는 생각은 발도르프 교육에서 중요한 부분이다.

이와 비슷한 방식으로 발도르프 교육의 커리큘럼은 학생들이 다양하고 폭넓은 과목들을 경험하게 함으로써 균형 있게 발달할 수 있도록 격려하고 있다. 그리하여 아이들이 획일적인 남녀 간의 성역할을 극복할 수 있게 해주고, 동시에 자신들의 개인적인 관심사를 확장할 수 있게 해준다.

여자아이들과 남자아이들 모두가 목공 작업을 하고 뜨개질과 바느질을 배운다. 또 모두가 악기를 연주한다. 수학에 재능이 있는 아이는 추상적 사고라는 안전한 영역을 빠져 나와서, 익숙하지 않은 영역으로 들어가 보라고 요청을 받는다. 즉 그림 그리기나 다른 활동을 해보면서 정서적인 경험을 해보라고 권장을 받는 것이다. 마찬가지로 예술적인 표현을 아주 잘하는 아이는 삼각법과 미적분 같은 고등수학이 지니고 있는 명료함과 예측 가능성을 경험해 보라고 요청을 받는다. 운동에 소질이 있는 아이들은 예술적인 것들을 해보라고 격려를 받으며, 그림에 소질이 있는 아이들은 운동을 해보라고 격려를 받는다.

학생들의 타고난 능력들을 골고루 발달시키려는 이런 노력은 아주 이른 나이부터 시작되고, 발도르프 학교에 다니는 동안 계속해서 이어진다. 이 일은 커리큘럼에 의해서 뒷받침되고 있으며, 한쪽면만 발달한 탓에 아이가 지닌 힘이 약해져서는 안 된다는 근본적인 이해에 근거하고 있다.

모든 아이들은 자기가 특별히 좋아하는 것이 있으며, 보다 편안하게 느끼고 관심이 있는 힘의 영역이 있다. 이러한 관심사들은 중요하고 비교적 어린 나이에 분명히 나타날 것이다. 일반적으로 이 관심사들은 아이의 독특한 재능을 반영한다. 학생들은 흔히 자기가 관심 있는 분야들에서 학교 교육을 받는 동안과 나중에 어떤 일을 할 때 우수함을 보일 것이므로, 이 분야들을 결코 무시해서는 안 된다. 그렇지만 개인적인 차원에서 이러한 힘들은 '모나지 않고 둥글게' 되어야 하고, 학생 개개인의 발달이 충분하고 온전히 진행되도록 확장될 필요가 있다.

활동적인 아이, 즉 자기 능력에 대한 힘을 확신하면서 뭔가를 주도하려고 하는 아이는, 사려 깊음과 감수성을 덧붙일 필요가 있으며, 어떤 그룹에 필요한 한 사람이 될 필요가 있다. 간단히 말해서 이런 학생은 원래 스스로에게 부족한 뭔가를 자기 본성에다 덧붙일 필요가 있다는 뜻이다. 즉 통제되고, 신중하고, 내성적인 어떤 것, 덜 충동적인 어떤 것이 필요하다는 의미다.

이와 달리, 사려 깊게 관찰하는 아이는 어느 정도의 충동과 에너지를 자기 태도에다 덧붙일 필요가 있다. 즉 삶을 위험스럽고 흥분되게 만들 수 있는 어떤 것, 마침내 자신을 충분히 느낄 수 있게 해주는 어떤 것이 필요하다는 뜻이다. 비록 대부분의 아이들은 이런 유형의 개인으로 성장하도록 격려 받는 상황을 스스로 선택하지는 않을 테지만, 나중에 어른이 되었을 때는 이러한 관찰자 역시 필요하게 될 것이다. 그리고 다른 사람 속에 있는 이러한 점을 나중에는 존경하고 감사하게 될 것이다.

발도르프 학교는 아이들이 골고루 발달한 다재다능한 사람이 될 수 있도록 장려하는 교육 프로그램을 제공함으로써 아이들을 옹호하는 역할을 수행하고 있다.

올바른 일을 행하기

아이들을 온전하게 이끌어 주려는 노력들은, 아이들이 느끼는 것과 행하는 것을 분리시키는 능력을 발달시키도록 도와주는 일에 변함없이 관심을 가져야만 한다. 어린아이들의 행동하려는 충동은 그들의 감정들과 복잡하게 관련을 맺고 있다는 점을 이해하고, 교육은 그런 이해를 기반으로 해서 이루어져야 한다. 아주 어린아이가 장난감을 원한다면, 흔히 그 아이는 그것이 누구의 장난감인지를 상관하지 않을 것이다.

이와 비슷하게 아직 어린아이가 뭔가를 하고 싶지 않으면, 보통 그 아이는 달아나 버릴 것이다. 그렇지만 가정과 학교에서 이루어지는 교육을 통해서, 아이는 그렇게 하고 싶다는 이유만으로 (다른 아이를 때리는 일 같은) 그런 행동을 해서는 안 된다는 것을 차츰차츰 배워 갈 것이다. 또한 아이들은 비록 그러고 싶지 않더라도, (장난감을 정리하는 것과 같은) 어떤 일을 해야 하는 때가 있다는 것을 배워 갈 것이다.

좋든 싫든 간에, 이것은 성숙하고 책임감 있는 사람이 되는 데 꼭 필요한 요소다. 대부분의 어른들은 월요일 아침에 일하러 가고 싶은지 아닌지를 오래 전부터 묻지 않는다. 마찬가지로 엄마들과 아빠들 역시 우는 아기의 기저귀를 갈기 위해서 밤에 자다가 일어나야 하는지에 대해서 의문을 갖지 않는다. 또 점심 준비를 해야 하는지, 아이의 숙제를 도와주어야 하는지에 대해서 의문을 품지 않는다. 그들은 그냥 그 일을 한다.

아이들이 나중에 직장이나 가정에서 책임감 있는 어른으로 자라나려면, 학교와 가정은 아이가 자기 단련을 해나가도록 격려함으로써 이 과정을 도와주어야 한다.

자기 단련은 '올바른 일을 행하는' 능력을 말한다. 건강한 방식으로 자기 단련을 해나가게 해주는 핵심 요소는 일찍부터 좋은 습관들을 형성시켜 주는 것이다. 그 습관들이 '제2의 천성'이 되도록 말이다. 아이들이 아직 어릴 때는 좋은 모범들을 제공해 주고 꾸준한 일과를 제공하는 것으로 이 습관을 길러 줄 수 있다. 아이들은 이런 모범들을 통해서 행동하는 법을 배울 것이고, 아직 이런 습관을 갖지 못한 좀 더 큰 아이들에게는 바람직한 행동을 상기시키고 가르침을 제공하는 역할을 할 것이다.

어린아이가 유치원에 올 때마다 자기 외투를 옷걸이에 걸어 두는 습관을 들인다면, 앞으로도 자연스럽게 이 행동을 하게 될 것이다. 밖에 나가기 전에 자기 책상을 정리하고 물건들을 치우는 습관을 들인다면, 비록 서둘러야 할 상황일지라도 아이들은 자기가 해야 할 바를 쉽게 해낼 것이다. 비록 하고 싶은 마음이 항상 들지는 않을지라도, 그 일을 해내는 아이의 능력은 숙제, 음악 연습, 가사일, 심지어 직업의 어떤 측면에까지 이어질 것이다. 모방과 규칙적인 반복을 통해서 아이들이 어린 시절에 습득한 좋은 습관들은 나중에 성숙한 사람이 되는 일과 자기 단련을 보다 쉽게 해줄 것이다.

아이들은 내적으로 뿐만이 아니라 외적으로도 책임질 줄 알아야 하고 잘 반응할 줄 알아야 한다. 학생들은 좋은 공부 습관에 더해서 훌륭한 '영혼(soul)'의 습관도 가질 필요가 있다. 간단히 말해 아이들은 자신이 배우는 것들과 학교 친구들과 선생님들에게 정서적으로 잘 반응할 필요가 있다는 뜻이다.

어른들은 아이들이 무관심이라는 벽을 세우도록 허락해서는 안 된다. 또한 아이들이 자기가 공부하고 있는 것과 정서적인 연결을 거부하도록 허락해서도 안 된다. 최근에 나는 어떤 6학년 교실을 방문한 적이 있는데, 그 반의 남자아이들 4인조가 수업에 정서적으로 참여하기를 거부하고 있는 모습을 보게 되었다. 그 반에서는 지질학을 공부하고 있었는데, 그 4인조는 온갖 노력을 다 기울여서 '냉담'한 행동을 계속하고 있었다. 그 아이들은 선생님이 아니라 교실의 다른 쪽을 바라보거나 계속 서로 간에 눈짓을 교환하고 있었다. 그들은 그 수업에 어떤 진심어린 관심도 보이지 않았다.

이런 상황에서는 선생님이 즉시 주의를 기울여서 문제를 해결해야 한다. 또 창조적인 가르침이 필요한 상황이라고 할 수 있다. 선생님들은 학생들을 도울 수 있는 다른 방법을 찾아보아야 한다. 특히 남자아이들이 잔인하고 매정한 일을 하기 전에 감정적인 책임을 느낄 수 있도록 하는 방법을 찾아보아야 한다.[1]

아이의 내적이고 정서적인 삶은 세상을 경험하고 있는 아이의 삶에 어떤 울림과 색조를 덧붙이기 마련이다. 학생들이 마음에서 우러나서 자기가 하는 공부에 관심을 갖게 되면, 앎의 과정이 활기차고 생생히 살아 있게 된다. 이처럼 감정(feeling)과 사고(thinking)가 연결이 되면, 학생들은 보다 반응을 잘하고 민감하게 알아챌 수 있다. 또한 자기와 관련된 일에만 몰두하려는 자연스런 경향성으로부터 한 발 물러날 수 있게 된다. 학생들은 자기가 행하고 있는 것과 긴밀한 관련이 있는 감정들을 지니고서 배움을 시작할 것이다.

학교에서 지내는 기간 동안에, 아이들의 감정은 아이 자신의 생각과 잘 섞이고 융합되어야 한다. 이처럼 감정들이 생각들과 강하게 결합하게 되면, 이상주의가 나타날 것이다. 발도르프 교육의 중요한 목표는 학생들이 따뜻하고, 생기 넘치고, 창조적인 생각을 하게 만드는 것이다.

학생의 발달 상황을 평가하기

7학년 반 학생들은 마지막 3주를 전기에 관한 공부를 하면서 보냈다. 이제 시험을 치루면서 이 분야의 공부를 마무리하려는 중이다. 시험 문제를 받게 될 때, 학생들이 보게 될 맨 처음의 질문은 다음과 같은 것이다.

1. 당신은 비밀 임무를 수행중인 스파이다. 지금 당신은 워싱턴시의 포토맥 강 근처에 있는 희미한 불빛의 이탈리아 레스토랑의 창가에 앉아 있다. 당신 앞 테이블에는 식사가 차려져 있다. 식초와 오일을 섞은 드레싱이 뿌려진 샐러드가 나왔고, 마실 것으로는 커다란 잔에 두꺼운 레몬 한 조각을 띄운 얼음이 가득 든 생수가 나왔다. 당신은 자기를 구해 달라는 신호를 동지들에게 필사적으로 보내야 하는 상황이다. 하지만 당신이 가진 것이라고는 낮은 전압의 전구 하나와 18인치 길이의 절연 구리선이 전부다.

당신 목에는 은으로 된 메달이 달린 가느다란 은사슬이 둘러져 있다. 호주머니에는 아주 많은 잔돈들이 들어 있다. 1센트짜리 동전들, 5센트짜리 니켈로 된 동전들, 10센트와 25센트짜리 은화들, 은으로 발행된 100달러짜리도 몇 개 들어 있다. 자리에서 일어나지 않은 채로 동지들에게 구조 신호를 보내려면, 당신이 어떤 방법을 써야 하는지를 서술하라.

다음은 이 문제에 창조적으로 답을 찾아낸 한 학생의 실제 답이다. 비록 볼타 전지*를 만들어야 하는 다소 지나친 방법을 쓰긴 했지만 말이다.

"나는 100달러짜리 은화들을 꺼내서 레몬이 든 물속에 담갔다 꺼낼 것이다. 25센트 동전과 1센트짜리 동전들도 번갈아서 물에 담갔다 꺼내고, 동전들 사이에다 100달러짜리들을 끼워 넣어서 동전더미를 만들 것이다. 그리고 목에 두르고 있는 은사슬을 벗은 뒤 칼로 반을 잘라서 두 개로 만들 것이다. 사슬 하나는 전구의 한쪽 끝부분과 연결시키고 다른 하나는 전구의 다른 끝부분과 연결시킬 것이다. 그런 다음에 전구와 연결된 사슬 하나를 동전더미와 연결시키고, 다른 사슬은 동전의 반대편 쪽과 이을 것이다. 이때 반짝거리게 될 전기 불빛이 나를 구조해 달라는 신호가 될 것이다."

가장 훌륭한 교육은 학생들이 적극적으로 생각하는 사람이길 항상 기대하는 교육이다. 그리고 학생들더러 어떤 과제를 행할 때 상상력을 사용해 보라고 요청하고, 단지 사실들을 요약하는 것이 아니라 독창성과 노력을 보여 달라고 요청하는 교육이다.

---

* 볼타 전지: 최초의 화학 전지로 이탈리아의 물리학자 볼타가 발견했다. 서로 다른 두 금속판 사이에 이온화 경향이 다른 2개의 금속을 도선으로 연결하여 한 금속이 이온화하면서 계속 전자를 내놓을 수 있는 조건을 만들어 주면 전류를 얻을 수 있다는 원리다.

발도르프 학교는 아이의 전체적인 발달에 관심을 기울인다. 즉 질적이고 내적인 측면과 양적이고 외적인 측면이 골고루 발달하도록 관심을 기울인다. 학교 교육을 받는 기간 동안에 모든 학생들은 수학과 언어 예술 분야에서 기본적인 능력들을 습득해야 한다. 이런 능력들은 평가가 가능한 중요한 것들이다. 그렇지만 학생들 혼자서는 자기가 건강한 발달을 하고 있는지를 확실히 알 수 없을 것이다.

아이들의 교육적인 발달 상황을 평가하는 수단으로 최근에 강화되고 있는 표준화된 시험은 발도르프 교육에서 보면 문제가 많은 평가 기준이다. 왜냐하면 시험 성적은 일반적으로 학생이 가진 능력들을 불완전한 방식으로만 보여 주기 때문이다.

《가르친다는 것: 선생님의 여정(To Teach: A Teacher's Journey)》의 저자인 윌리엄 에이어스(William Ayers)*는 이런 시험들의 한계를 집중적으로 조명하고 있다.

"표준화된 시험들이 아이들의 진취적이고, 창조적이고, 상상력이 풍부한 사고와 개념적인 사고를 측정할 수 없다는 사실은 참으로 불행한 일이다. 또 학생들의 호기심, 노력, 반어적인 표현, 판단, 약속, 뉘앙스, 선한 의지, 도덕적인 성찰, 다른 수많은 특성들을 평가할 수 없다는 사실도 역시 불행한 일이다."[2]

---

* 윌리엄 에이어스(1944-): 미국의 교육학 교수. 청소년 교육, 현대사회의 위기 등을 글로 쓰고 있다. 한국에는 《법정의 아이들》이 번역되어 있다.

표준화된 시험의 배후에는 자기 학생들의 교육에 학교들과 선생님들이 더욱 책임을 질 수 있도록 하려는 의도가 분명히 존재한다. 그럼에도 불구하고 이런 시험은 두뇌의 한쪽 면에만 너무 지나치게 편중되어 있으며, 인간 지성의 한 면만을 측정하고 있는 실정이다. 다중 지성(multiple intelligences)에 관해서 여러 권의 책을 쓴 하워드 가드너*는 이런 단점을 날카롭게 지적하고 있다.

"많은 관찰자들은 이런 일이 벌어진 상황이 행복하지 않다고 말하고 있다. 인간의 지성에는 단답형 질문들에 단답형 대답을 하는 것보다 더 많은 것들이 분명히 존재하기 때문이다… 그렇다면 어떤 사람이 자유롭게 상상력을 펼쳐 나가도록 허락을 받는다면 어떻게 될까? 실제로 전 세계에서 가치 있게 여기는 폭넓은 성과들을 고려한다면 어떻게 될까?

예를 들어, 필리핀 동남쪽에 있는 캐롤라인 제도에 사는 열두 살 남자아이 풀루와트의 경우를 생각해 보자. 그는 뛰어난 선원이 되는 법을 배우라고 어른들이 선택한 아이이다. 노련한 선원들의 후견 아래에서 그 아이는 수백 개의 섬들 주위에서 자기의 길을 찾는 항해 지식을 배워 갈 것이다. 또 별들에 관한 지식, 지리학을 함께 결합해서 배워 나갈 것이다. 그리고 열다섯 살의 이란 소년을 생각해 보자. 그는 코란을 전부 외우고 아랍어를 통달하도록 지명을 받았다. 이제 그는 신성한 도시로 보내져서 다음 몇 년 동안 이슬람 고

---

* 하워드 가드너(1943-): 미국의 교육 심리학자이자 신경학과 교수로 다중지능 이론을 창시했다. 《다중지능》, 《열정과 기질》, 《체인징 마인드》 등이 번역되어 있다.

위 성직자 스승 곁에서 공부를 하게 된다. 그 성직자는 소년이 선생님이 되고 종교 지도자가 되도록 준비시킬 것이다. 또 파리에 사는 열네 살 청소년을 생각해 보자. 그는 컴퓨터 프로그래밍을 하는 법을 배우고 있으며, 신디사이저의 도움을 받아서 음악을 작곡하기 시작했다.

조금만 생각해 봐도 이 아이들 각각은 도전이 될 만한 분야에서 높은 수준의 경쟁력을 획득하고 있다는 점을 알 수 있을 것이다. 그리고 '지적'이라는 용어에 적합한 정의에 따르자면, 이 아이들이 지적인 행동을 보여 줄 것으로 기대를 받고 있다는 사실도 분명해 보인다… 인간의 지성이 무엇인지에 관해서 우리의 견해를 확장하고 다시 세워야만, 우리는 지성을 평가하는 알맞은 방법들과 그 지성을 교육할 수 있는 좀 더 효과적인 방법들을 찾아낼 수 있을 것이다."[3]

하워드 가드너의 책 《지능이란 무엇인가(Frames of Mind)》는 아이들이 갖고 있는 다양한 능력들에 대한 우리의 이해를 확장하는 데 도움을 주는 책이다. 또한 지성을 좁게 정의하는 것이 본래의 뜻과 어긋나는 일이란 점을 교육가들이 이해할 수 있도록 해주는 책이다. 가드너에 따르면, 다중 지성에 접근하는 방법은 (발도르프 학교에서 그런 것처럼) "이성(reason), 의지(will), 감정(feeling) 사이의 차이점을 구분하는 것이 보편적이었던 고전 시대"[4]의 생각과 비슷한 입장을 취한다.

세 가지 차원의 패러다임에 따라서 아이들을 평가한다는 것은,

인지적인 능력뿐만 아니라 육체적인 능력과 정서적인(지성) 능력의 중요성도 인정한다는 것을 말한다. 이런 식으로 아이들을 바라보는 발도르프 선생님들은 모든 아이들한테는 타고난 '재능이 있고', '소질이 있다'고 말할 것이다. 발도르프 선생님들은 개별적인 아이들 각자가 지닌 고유한 힘을 알아보고 인정해 줄 책임이 있다. 또한 부모와 힘을 합해서 아이가 가진 이 힘이 균형 잡힌 교육을 통해서 충분히 피어나도록 도와야 한다.

이런 이유 때문에 발도르프 선생님들은 아이들을 평가할 때, 아이가 지닌 능력들이 골고루 발달하고 있는지를 확실히 알 수 있는 다양한 방법들을 활용할 것이다. 선생님들은 아이들의 학업 성취도뿐만 아니라 신체적으로 그리고 정서적으로 어떻게 발달하고 있는지를 알아보려고 할 것이다. 그래서 다양한 상황 속에 있는 아이들을 관찰하면서, 골고루 건강하다는 표시들이 나타나기를 기대할 것이다. 즉 아이들이 주의를 기울이고, 열정을 갖고 있고, 학급 토론에 열심히 참여하고, 흥미로워하고 있는지 같은 건강함의 표시들이 나타나길 기대한다.

잘 알려진 발도르프 교육가이자 저자인 유진 슈워츠(Eugene Schwartz)에 따르면 "학생들을 평가할 때 포트폴리오를 사용하는 방법이 최근 미국의 교육가들 사이에서 빠르게 인정을 받고 있다. 이 방법은 정기적인 시험이나 표준화된 시험보다는 발도르프 교육 방법론에 좀 더 알맞다고 할 수 있다." 슈워츠는 계속해서 이렇게 말하고 있다. "선생님들은 아이의 드로잉, 색칠하기, 뜨개질, 운동 능력, 음악적인 기술, 말로 하는 표현들을 중요하게 고려할 것이다.

즉 비교적 쉽게 확인할 수 있는 인지력과 어구 기억력만큼이나 이것들도 중요하게 고려할 것이란 뜻이다.[5]

폭넓고 다양한 과목들과 다양한 상황들로부터 나온 관찰들은 학년이 진행되어 가면서 더욱 숙성이 되고 정제될 것이다. 이런 관찰들은 그 학년에 아이가 성취한 것들과 발달 상황들에 관한 완전한 '포트폴리오'를 제공하며, 마침내 매해 6월에 받게 되는 학기말 평가서에 반영되는 중요한 소재들이 된다.

평가서를 쓸 때 발도르프 선생님은, '뛰어남', '만족스러움', '향상이 필요함' 같은 꼬리표를 붙인 일련의 검사 표시 같은 문항으로 평가를 축소시키지 않는다. 그 대신에 아이가 학교에서 이룬 성취를 서술적으로 묘사하고 그 특성들을 설명할 것이다. 이처럼 글로 쓰인 평가 보고서에는 아이의 모습을 떠올리게 해주는 에피소드들이 들어 있다. 거기에는 아이가 최고로 멋졌거나 가장 훌륭했던 순간들이 묘사되어 있을 것이다. 이것들은 부모에게 전해질 뿐만 아니라 아이에게도 전해지기 마련이다. 그러면 아이는 앞으로 자기가 계속해서 노력할 수 있는 이상적인 모범을 제공받는 셈이다.

분주한 아침이었고 1학년 전체가 떠들썩했다. 책들을 나누어 주고 우리가 쓸 크레용을 꺼내자 잡담하는 소리가 두드러지게 커졌다. 떠드는 소리가 어찌나 크던지 나는 칠판에 쓰는 것을 멈추고 아이들 쪽으로 얼굴을 돌려야 했다. 그러자 자기 책상 앞에 앉아 있는 E가 눈에 띄었다. 아이는 이미 자기의 과제를 시작하고 있었는데, 그 일에 완전히 집중하고 있는 모습이었다. 이번 해를 지나면서 나는 E의 그런 모습을 여러 번 관찰할 수 있었다. 아이는 언제나 변함없이 열심히 공부할 준비가 되어 있었다.

발도르프 선생님들은 무엇보다도 먼저 아이가 잘하고 있는 것들을 서술한다. 그리고 아이가 어려움을 극복한 것과 새로운 능력을 얻게 되고 발전한 것에 대해서 고마움을 표현한다.

나는 8학년 때 C가 성취한 일들에 몹시 기뻐했던 적이 있다. 여느 때처럼 그의 수학과 과학 공부는 대단히 뛰어났다. 하지만 내가 정말로 놀라고 인상 깊게 여긴 것은, 우리 반이 《나니아 연대기》를 뮤지컬로 공연할 때 C가 보여 준 모습이었다. 노래하고 연기하는 그의 모습은 주목할 만한 것이었다. 제1막에서 그가 보여 준 자신감 넘치고 유머러스한 태도 덕분에 우리의 연극 공연은 열렬한 호응을 받으면서 좋은 분위기로 시작할 수 있었다. 또한 C는 다른 출연자들에게 어떻게 천천히 말하고 어떻게 큰 소리로 노래를 불러야 하는지에 관한 모범을 보여 주었다. C의 침착함, 열심히 공부하는 태도, 자기가 잘 모르는 것을 극복하고 잘해 내려고 의연하게 노력하는 모습을 관찰하는 일은 아주 멋진 경험이었다.

그에 더해서, 선생님들은 아이들이 좀 더 발전해야 할 필요가 있는 측면들을 언급한다. 모든 학생들한테는 좀 더 향상이 필요한 부분들이 있기 마련이다. 이런 면들을 제대로 언급해 주는 것도 선생님의 책임이라고 할 수 있다. 이것은 아이가 앞으로 그렇게 해주길 바라는 것들의 목록, 미래에 성취하게 될 희망 사항 등으로 표현될 수 있다. 잘하고 있는 장점들을 인정해 주면서 잘 안 되고 있는 점은 극복해 보라고 제안해 주면, 아이들은 언제나 그 제안을 쉽게 받아들인다.

5학년인 L은 우리 반에서 가장 흥미로운 작문들을 쓰는 여자아이이다. 작문 숙제를 내주면 아이의 글은 항상 길고 표현력이 풍부하다. L은 열렬한 독서광이기 때문에 아주 광범위한 어휘를 알고 있다. 아이는 이런 어휘들을 사용해서 좀 더 큰 학생들이 쓴 것 같은 작문을 쓰곤 한다. 하지만 가끔 나는 아이가 쓴 글씨들을 제대로 읽어 내지 못할 때가 있어서 실망하곤 했다. 다음 해에는 L이 시간을 가지고 글씨를 좀 더 깨끗하게 쓸 수 있기를 바란다. 그렇게 해준다면, 다른 학생들과 나는 L이 쓴 멋진 작문들을 훨씬 즐거워하면서 읽을 것이다.

온전함을 향한 여정

아이들과 선생님들은 함께 힘을 합해서 온전한 인간이 되는 여정을 떠나야 한다. 이런 여정을 떠나려면 학생들은 자기가 요청받고 있는 일들이 자기한테 좋은 것이라고 느껴야 한다. 또한 그런 제안들이 어른들의 짜증스러움과 괴팍스러움 때문에 생겨난 것이 아니라, 자기의 미래에 대한 염려와 관심에서 나온 것들임을 느낄 수 있어야 한다. 또 선생님이 자기의 가장 멋진 모습을 알아본다고 아이가 느끼게 되면, 교육과정에 저항하기보다는 오히려 협조하려고 할 것이다.

교육가들인 선생님들은 아이들이 그저 학교 졸업장을 따거나 미래의 직업을 준비하는 것만이 아니라 인생을 위한 준비를 시켜야 한다. 다시 말해 선생님들은 아이들이 인간으로서 잘 발달하고 있는지에 관심을 기울여야 하고, 자기 삶에 방향을 부여해 줄 수 있는 아이들의 능력이 무엇인지에 대해서도 관심을 기울여야 한다는 뜻이다.

최근에 예전 학생의 어머니 한 분이 나에게 이런 말을 해주었다.

10여 년 전에 우리가 나누었던 대화에 자신이 얼마나 감사하고 있는지 모른다고 말이다. 당시 그녀의 아들은 8학년으로 내가 담당하는 수학 수업을 듣고 있었다. 그 아이는 수학을 뛰어나게 잘했으며, 어떤 수학 문제라도 능숙하게 풀어낼 수 있었다. 당시 그녀는 아이가 다른 고등학교에 가야 하는지에 대해서 고민하고 있었다. 좀 더 특화된 교육을 제공하는 고등학교에 아이를 보내서 아이의 수학적인 관심사와 능력을 분명한 방식으로 발달시켜야 하는지를 고민하고 있었던 것이다.

그녀는 이렇게 회상했다. 대화 과정 중에 내가 아이의 정서적이고 활동적인 발달 역시 고려해야 한다고 그녀에게 조언해 주었는데, 그녀는 그 말이 이치에 맞는 합당한 조언이라고 느꼈다고 한다. 그래서 아이는 다른 곳으로 가지 않고 우리 학교에 남아서 수월하게 공부를 해나갔다.

아이는 축구팀에서 활약하기도 하고, 연극 공연에서 놀라운 재능을 보여 주기도 했다. 또 대학 수학 능력 평가 시험의 수학 분야에서 만점을 받았다. 그는 지금 텍사스 주립 대학에서 수학 전공으로 박사과정을 밟고 있다. 그의 어머니가 보기에는 그가 온전한 교육과정을 충분히 거쳤기 때문에 훨씬 더 좋은 사람이 되었고, 그러면서도 특출한 수학적 능력 역시 계속해서 피어나고 있다고 여겨졌다.

이러한 이야기들은 선생님들과 부모들이 필요로 하는 것이 무엇인지를 분명히 보여 준다. 아이들이 인생을 준비하도록 도와줄 때, 선생님과 부모들인 우리가 지금 잘하고 있는지 아닌지를 정확히 말할 수는 없는 노릇이다. 아이들은 수수께끼 같은 존재들이기 때문이다. 아이들이 되고 싶다고 동경하는 것들은 교육적인 여정을 밟아 나가면서 하나씩 서서히 드러날 뿐이다.

이런 이유 때문에 발도르프 선생님들은 각각의 아이가 지니고 있는 말로 표현할 수 없는 신비를 흔히 영감을 주는 시구로 돌려서 표현하고 있는 것이다. 다음 시는 발도르프 교육 운동의 창시자인 루돌프 슈타이너가 쓴 것으로, 100여 년 전에 처음으로 발도르프 학교에서 가르치던 선생님들에게 주어졌던 시다.

> 경건한 마음으로 아이들을 받아들이고,
> 사랑으로 아이들을 교육하고,
> 자유로이 아이들을 보내 주자.
>
> \- 루돌프 슈타이너

아이들은 자기 내면에 세 가지 근본적인 힘들을 가지고 있다는 간결한 사상을 바탕으로 루돌프 슈타이너는 발도르프 교육을 고안했다. 이 힘들은 아이들이 육체적, 정서적, 지적 활동을 해나가도록 추진하는 힘들을 말한다.

2장_ 머리, 가슴, 손

"교육은 빈 양동이 하나를 채우는 것이 아니라 환하게 불을 밝히는 것이다."

– 윌리엄 버틀러 예이츠(William Butler Yeats)*

못된 짓이 아니야

어떤 학생들은 조바심을 치면서 부산스럽게 행동한다. 그들의 손은 만지작거릴 뭔가를 찾고 있다. 가령 연필, 지우개, 종이 한 장 같은 것들을 찾고 있는 것이다. 그러다가 아주 작은 것들로 공들여서 어떤 사건들을 책상 위에다 만들어 낼 수도 있다. 학생들이 오직 자기 손가락들만 갖고서도 즐겁게 노는 것을 본 적도 있다. 그들은 자기 손가락이 보통 이상으로 유연한지를 점검해 보고, 모든 손가락들을 하나씩 구부려 보고, 손가락 관절 전부를 우두둑 소리가 나게 꺾어 본다. 그러면 조용히 있던 다른 아이들도 훨씬 활기

* 윌리엄 버틀러 예이츠(1865-1939): 아일랜드의 시인, 극작가. 노벨문학상 수상자. 《예이츠 시선집》,《요정을 믿지 않는 어른들을 위한 요정 이야기》 등이 번역되어 있다.

가 있어진다.

이럴 때 아무런 조치 없이 수업이 계속되면, 그 아이들은 가만히 앉아 있지 못할 것이다. 발들이 이리저리 움직이기 시작하고, 무릎이 책상을 치기 시작할 것이다. 발과 팔꿈치가 이리저리 경계를 탐험하기 시작할 것이고, 그러다가 이웃들을 만나고, 침입해 들어가고, 자기 영토를 방어하기 시작할 것이다. 하지만 이런 모든 행동들(또는 흔히 말해지는 것처럼 못된 짓들)은 선생님에게 하나의 공통된 메시지를 전하고 있다. 이 아이들은 수업 시간에 활달하게 참여하기를 갈망하고 있는 것이다.

어쩌면 여러분이 과거에 이런 유형의 학생이었을 수도 있다. 여러분은 아마도 내적으로는 훨씬 활달하지만 겉으로는 가만히 앉아 있는 조용한 학생이었다가, 천천히 그리고 눈에 띄지 않게 변해 갔던 학생이었을 수도 있다. 저 멀리를 가만히 응시하는 동안, 여러분은 상상 속에서는 훨씬 멋진 사람이 되어서 다른 세상으로 떠났을 것이다. 그 다른 세상은 선생님이 제공해 주고 있는 것보다 훨씬 다채롭고 모험에 가득 찬 세상이었을 것이다. 그때 여러분은 위험, 음모, 로맨스로 가득 찬 감정을 지니고서 그곳을 여행했을 것이다.

창문 밖을 바라보면서 혹은 끼웠다 뺄 수 있는 종이나 책상 위에다 그림을 그리면서 여러분은 그 상상의 나라로 들어갔을 것이다. 어떻게 들어갔든지 간에, 여러분은 그때 강렬한 무의식적인 충동, 그러니까 여러분이 느끼는 감정의 풍요로움 속으로 깊이 참여하고 싶은 욕망을 표현하고 있었던 것이다.

이와는 다른 유형의 학생이 있다. 이 아이는 책상 밑에다가 몰래

책을 펼쳐 놓고 읽는 아이다. 자기가 별로 흥미를 느끼지 못하는 과목을 선생님이 가르치고 있는 동안에 아이는 다른 책들을 읽는다. 이런 학생은 매일 새로운 것을 배우고 싶고, 뭔가에 전념하고 싶은 열망을 지금 표현하고 있는 것이다. 비록 그것이 선생님 이야기에 "귀를 기울이지 않는 것"을 뜻할지라도 말이다.

상상력이 없는 평범한 수업이라면, 이런 학생의 생각하는 능력과 배우고 싶어 하는 능력을 이끌어 내기가 힘들 것이다. 그렇게 되면 참기 어려운 충동이 우세해지면서 아이는 독학을 하기 시작할 것이다.

아이들은 자기 내면에 세 가지 근본적인 힘들을 가지고 있다는 간결한 사상을 바탕으로 루돌프 슈타이너는 발도르프 교육을 고안했다. 이 힘들은 아이들이 육체적, 정서적, 지적 활동을 해나가도록 추진하는 힘들을 말한다. 교사로서 나는 항상 이 세 가지 능력들을 힘(force)이라고 부르는 것에 감사하고 있다. 나로 하여금 끊임없이 다음 사실을 상기시켜 주기 때문이다. 즉 내가 세 가지 방식으로 표현되고 있는 학생의 욕구를 인정하지 않게 되면, 이 세 가지 경향성은 눈에 띄게 적절하지 않은 방식으로 내 주의를 끌려고 힘을 행사할 것이라는 사실이다.

아이들의 욕구는 머리, 가슴, 손이라는 세 가지 두드러진 방식으로 행해지고 있음을 이해해야 한다. 이것을 이해하는 것이 발도르프 학교에서 가장 우선적으로 요구되는 교육적인 패러다임이다. 이런 이해가 있다면 교육이 단지 지식을 얻게 하는 목적에만 초점을 맞추지는 않을 것이다.

오히려 의미 있는 배움의 과정이 일어나도록 하는 데 관심을 집중할 것이다. 그리하여 다면적으로 배움의 경험이 일어나게 하고, 여러 가지 감각을 함께 사용해서 배움의 경험들이 일어나도록 할 것이다. 그러면 선생님들과 학생들은 눈에 띄는 이 세 가지 능력들을 발달시키기 위해서 다양한 지성들을 사용하게 될 것이다. 즉 사고하고, 감정을 느끼고, 의도적이고 뜻깊은 행위를 하기 위해서 다양한 지성을 사용할 것이다.

미래를 위한 능력들

20년 후에 세상이 어떤 모습일지를 미리 예상하는 것은 불가능하다. 또 미래를 위해서 아이들을 가장 잘 준비시키는 방법이 무엇인지를 우리가 미리 알 수도 없는 노릇이다. 아마도 오늘날의 아이들이 물려받게 될 세상은 지금보다 훨씬 복잡하고 문제가 많은 세상일 것이다. 만약 인간 지성이 단독으로 이 문제들을 풀 수 있었다면, 좋은 의도를 가진 정부 관료들이 벌써 긍정적인 변화가 일어나도록 어떤 영향력을 행사했을 것이다. 만약 더 많은 정보를 갖는 것이 해답이라면, 정보 시대를 살고 있는 우리가 그 답을 벌써 찾아냈을 것이다.

미래에 알맞은 준비를 하기 위해서는, 인지능력과 정보 습득을 장려하도록 고안된 교육 이상의 것이 학생들에게 필요할 것이다. 오늘날의 아이들이 미래 세계의 도전들에 대응하기 위해서는 분명히 다음 세 가지 능력들이 필요할 것이다.

먼저 아이들은 상상력이 풍부한 사고를 발달시킬 필요가 있다. 이 사고는 아이들이 주변에서 일어나는 일들을 분명하게 지각할 수 있게 해주고, 상황을 충분히 이해하도록 해줄 것이다. 그리하여 언뜻 보기에 해결할 길이 없어 보이는 문제들을 풀어낼 수 있는 새로운 해결책을 마음속에 그려 볼 수 있게 해줄 것이다.

또 아이들은 감정적으로 참여하는 능력이 필요할 것이다. 아이들은 세심하고 유연하게 참여를 함으로써, 피할 수 없는 감정적인 폭풍들이 일어날 때에도 충분히 강하게 대처할 수 있어야 하기 때문이다. 그리고 빤히 보이는 것들 너머를 바라보고, 말해지지 않은 것들을 들을 수 있을 만큼 충분히 민감해야 한다.

더 나아가 아이들은 의지를 발휘해서 단호한 결정을 내리는 능력도 필요할 것이다. 그래야 희망과 꿈들을 지니고서 그 꿈을 현실로 만들어 갈 수 있기 때문이다. 이처럼 사고하는 능력, 감정을 느끼는 능력, 집중되고 의도된 행동을 하는 능력인 의지를 발휘하는 능력은 불확실한 미래를 준비하기 위해서 아이들이 갖추어야 할 최상의 도구들이라고 할 수 있다.

사고를 발달시키기

아이였을 때 나는 학교에서 〈위클리 리더〉라는 잡지를 정기적으로 보곤 했다. 책상 앞에 앉은 내가 잡지에 나온 하얀 양복을 어색하게 차려입은 어떤 소방대원의 사진을 바라보았던 기억이 난다. 그 기사의 제목은 대략 '기적의 미래 섬유'였고, 어린 독자들에게 석면의 유익함에 관해서 설명하는 기사가 실려 있었다.

40년 전에 미국인들은 석면에 대단히 열렬한 관심을 보였었다.

그래서 석면으로 바닥 타일을 깔고, 천장 타일을 덮었으며, 지붕널(지붕의 중도리나 서까래 위를 덮는 널)로도 사용했다. 또 지하실의 보일러 파이프 주위를 이 부서지기 쉬운 발암물질로 감싸곤 했던 것이다. 또한 집, 학교, 일터에 있는 다른 중요한 장소들에도 석면을 사용했다. 하지만 오늘날에는 엄청난 돈을 들여서 그것들을 제거하고 있는 상황이 되었다.

이것은 사실에 기초했다고 하는 가르침이 지니고 있는 명백한 결점이라고 할 수 있다. 태양계, 소련, 컴퓨터 등에 대해서 무엇을 배웠던 간에, 우리가 옛날에 학교에서 배워야만 했던 것들의 대부분이 지금은 시대에 뒤떨어진 것이 되었기 때문이다. 게다가 오늘날의 세상은 훨씬 더 빠르게 변화하고 있다. 이 사실을 고려한다면, 아이들을 교육하고 있는 우리는 어떤 점에 초점을 맞추어서 아이들을 가르쳐야 하는 것일까? 우리 학생들이 미래에 물려받게 될 예측 불가능한 세상에 대비할 수 있게 하려면, 어떻게 해야 할까?

완전히 깨어 있는 상태에서 통찰이 날카로운 관찰 능력이 우리 학생들이 미래에 필요한 능력일 것이다. 개개의 사람들, 사건들, 자연 세계를 보다 완전하게 관찰하는 능력을 갖게 된다면, 아이의 지성과 관심 역시 활기차게 발달할 것이기 때문이다. 그러면 아이들은 어떤 경향성과 패턴들로 드러나는 앎의 유형을 알아채고, 해답보다는 질문을 더 많이 던지고, 복잡한 상황들도 더 잘 받아들일 것이다.

이런 식의 보다 친밀한 방식으로 세상을 알아 가게 된다면, 아이들은 지식을 완결된 행위의 최종 결과로 여기는 것 대신에 계속 진행 중인 과정의 부산물로 바라볼 것이다.

예를 들어, 모든 알파벳들은 직선과 곡선의 요소를 함께 포함하고 있다. 그리고 이런 요소들은 수 세기에 걸쳐서 특별한 방식으로 함께 어우러져서 눈에 띄게 아름다운 글자체를 만들어 냈다. 만약 중학생들이 지금과 글자체가 아주 다른 알파벳들을 공부하고 있다면, 그 알파벳에는 그러한 글자체를 나타나게 했던 시대의 문화가 다양하게 반영되어 있다는 것을 알 수 있을 것이다.

중세 시대의 고딕 대문자 글자체를 보면서, 학생들은 화려한 겉치장과 지나치게 고상한 척하는 증거를 발견할 수 있을 것이다. 대문자 옆에 쓰인 소문자들을 보면서는, 견고하게 구성된 중세도시들과 단단하게 속박된 중세적인 마음에 유사성이 있음을 볼 수 있을 것이다.

또 그 글자들이 형성된 방식을 잘 관찰해 보면, 중세도시의 성곽으로 들어오는 입구를 막고 있는 성문의 쇠로 된 내리닫이 창살문에 관해서 어떤 힌트를 얻을 수도 있을 것이다. 그리고 실제로 이

화려한 중세식 고딕체

글자들을 직접 써보게 되면, 작은 획들이 끊임없이 반복된다는 것을 느낄 수 있을 것이다. 그러면 이 방식이 오랜 세월에 걸쳐 돌을 쌓아 만드는 장엄한 석조 성당들이 건축된 방식과 유사하다는 사실을 알 수 있을 것이다.

이런 종류의 인식이 출발점이 될 것이다. 이것은 문제를 해결하는 데 꼭 필요한 빈틈없고 참을성 있는 침착함을 뜻한다. 또한 학생들이 작은 것들 속에서 많은 것들을 볼 수 있게 해줄 것이다. 이것은 그저 겉핥기식으로 책을 읽어 내는 것이 아니라 그 이상을 읽어낼 수 있게 해주는 마음의 습관이며, 미래에 꼭 필요한 섬세한 능력이다. 미래에 다가올 문제들은 a, b, c, d로 제시된 여러 개의 문항 중에서 하나의 답을 고르는 객관식 테스트로는 풀어낼 수 없을 것이다. 다시 말해서 제시된 문항 중에서 어떤 것도 답이 아닐 수 있고, 또 모든 것이 답이 될 수도 있다.

미래에 대비하기 위해서는 상상력이 풍부한 방식으로 사고하고, 함께 참여하는 방식으로 사고해야 할 것이다. 학생들은 어떤 문제에 대해서 아직은 알려지지 않은 미지의 답을 찾아내야 할 것이다. 뿐만 아니라 여전히 물어봐 주길 기다리고 있는 질문들을 찾아보아야 할 것이다.

결국 상상력이 풍부한 생각은 학생들로 하여금 자기들이 마주치는 문제들에 아주 다양한 해결책을 이리저리 생각해 보도록 도와줄 것이다. 그런 다음에 모든 사람들에게 가장 최선이 될 해결책이 무엇인지를 곰곰이 생각해 봐야 할 것이다.

감정을 발달시키기

정서적으로 반응을 잘하고 책임감 있는 사람이 되도록 학생들을 교육하기 위해서는 감정교육이 필요하다. 학교들은 감정에 관련된 것들도 가르칠 필요가 있다. 이것은 아이의 내적인 세계가 중요하다는 사실을 인정하는 것을 뜻한다. 교육가인 제임스 히긴스(James Higgins)는 자신의 책 《언어 너머: 아이들 문학에서 보이는 신비로운 상상(Beyond Words: Mystical Fancy in Children's Literature)》에서 이 점을 적절하게 설명하고 있다.

"만약 어떤 사람이 나무에게 두 개의 세계 중에서 어떤 것이 더 진짜냐고 묻는다면, 나무가 뭐라고 대답할까? 즉 땅 위의 세계인 나뭇잎들과 꽃들과 햇살의 세계가 하나의 세계이고, 땅 밑의 세계인 나무뿌리가 가닿는 곳이 다른 하나의 세계일 때 말이다. 그렇지만 나무는 자기의 메시지를 이해하는 사람들에게 분명하게 말해 줄 것이다. 하나의 세계가 존재하지 않는다면, 다른 하나의 "세계"도 실재하지 않을 것이라고 말이다. 나무뿌리가 없는 나무가 대체 무엇이겠는가? 땅 위의 나무가 없는 나무뿌리가 대체 무엇이겠는가?

나무가 지니고 있는 "두 세계" 사이의 소통은 이 두 세계가 서로 성장하고 발달하는 데 너무나 필요하다. 이 소통은 내적이고 비밀스런 과정을 통해서 이루어진다. 나무에게 영양분을 준다고 잎에다가 흙을 뿌릴 수는 없는 노릇이다. 마찬가지로 햇빛이 직접 뿌리에 닿으면 나무에게 도움이 되기는커녕 오히려 해가 된다. 오로지 나무 자신의 신비스러운 과정들을 통해서만 이쪽에 있는 하나의

'세계'가 다른 쪽 세계에 있는 저 멀리까지 영양물질을 나를 수 있는 것이다."[1]

아이의 정서적인 삶은 아마도 불가사의하고 숨겨져 있을지도 모른다. 그렇지만 그 삶 역시 여전히 교육의 영역 안에 포함되어 있다. 오랫동안 선생님들은 학생들의 정서적인 삶을 암묵적이고 무의식적으로 교육해 왔다. 즉 선생님이 표현하고 있는 억양, 얼굴 표정, 선택한 책들을 통해서 아이들에게 정서적인 교육을 해왔다는 뜻이다. 그런데 이런 것들만으로는 더 이상 충분하지 않다.

교육이 아이들의 마음을 직접적으로 건드리는 것이 꼭 필요해졌기 때문이다. 왜냐하면 아이들이 다른 동료 인간들에게 관심을 가지도록 도와야 하기 때문이다. 또 이 세상에 아름다움과 선함이 존재한다는 것을 아이들이 확신할 수 있도록 도와야 하기 때문이다. 그리고 이 아름다움과 선함을 보존하는 데 자기도 어떤 역할을 할 수 있다는 사실을 아이들이 깨닫도록 도와야 하기 때문이다.

체코 공화국의 민주주의 지도자였던 바츨라프 하벨(Vaclav Havel)* 은 1991년 소련이 무너지고 난 직후에 미국에서 행한 강연에서 이 점을 아주 통렬하게 이야기했다. "이 인간 세상을 구원하는 길은 다른 곳이 아니라 인간의 가슴속에 들어 있습니다. 구원은 반성하는 인간의 힘 속에 들어 있습니다. 인간의 온유함 속에 그리고 인간의 책임감 속에 들어 있습니다."

---

* 바츨라프 하벨(1936-2011): 체코의 정치가이자 인권운동가이며 극작가. 체코 민주화 운동을 이끌었고 체코 대통령을 지냈다.

© 제임스 히긴스의 책《언어 너머(Beyond Words)》

감정적으로 참여하는 능력을 발달시키기 위해서, 발도르프 학교들은 전체 커리큘럼 안에 예술을 통합시킴으로써 교육 프로그램을 강화하고 있다. 모든 아이들은 학교생활을 하는 동안에 색칠하기, 그림 그리기, 연극, 음악 같은 예술적인 활동들을 경험해 보도록 격려를 받는다.

예를 들어, 학생들은 자기들이 공부하고 있는 역사를 연극으로 공연해서 잠시 동안 그 시대의 감정을 깊이 느껴 보라는 요청을 받는다. 그러면 학생들은 연극 무대를 준비하고, 의상을 준비하는 모임을 갖고, 배역에 따라 동선 연습을 하게 된다. 그러면서 특정한 어느 시기로 이동해서 배움의 과정을 계속하는 것이다. 이처럼 학

연극 무대를 준비하는 학생들 © Jerilyn Ray-Shelley

생과 교과목 사이에 마음에서 우러난 연결이 맺어질 때, 교육이 좀 더 의미 있는 것이 될 것이다. 또한 학생들도 자기가 배운 것들을 훨씬 잘 기억할 것이다.

의지를 발달시키기

학생들이 사려 깊은 주의력을 기울여서 세상을 알아 가고, 정서적이고 창조적인 반응들을 하면서 스스로를 알아 가게 된다면, 자기들이 삶에서 무엇을 하고 싶은지를 충분히 이해하게 될 것이다. 의도한 것들을 수행하는 능력과 마음에 떠오른 것들을 행하는 능력은 결심, 훈련, 목적의식을 필요로 한다. 아이들이 이런 것들을 갖추게 되면 자신감이 커지고 자부심에 찬 태도가 발달할 것이다.

발도르프 학교에서는 이것을 의지(will)라고 부르는데, 이 의지는 발도르프 학교가 발달시키려고 노력하는 아이의 세 번째 능력이다. 이 능력은 자기 주도적인 활동과 목적, 집중, 의도를 지닌 활동과 관련된 에너지를 동원한다. 이처럼 의지는 자주적인 결단에 꼭 필요한 중요한 요소이며, 강인한 성격을 이루는 가장 중요한 요소다. 또한 아이들이 복잡하고 혼란스런 이 세상에서 자기의 고유한 삶의 과정을 계획할 때 꼭 필요한 능력이기도 하다.

만약 이 세상을 변화시키는 일을 도울 생각이라면, 아이들은 장애물들을 만나도 좌절하지 않을 수 있는 힘을 비축할 필요가 있다. 또한 단 한 사람이라도 여전히 뭔가를 변화시킬 수 있다는 사실을 믿어야만 한다. 그리고 이 변화를 만들어 내는 힘은 의지 안에 있다는 점도 신뢰해야 한다.

의지(will)라는 이 용어에는 연관된 단어들이 많이 있는데, 활력(vitality), 결단력(volition), 활기(vigor), 쾌활함(vivacity) 등이 그것들이다. 동요하지 않는 태도는 그 사람에게 결단력과 인내가 있음을 뜻한다. 자신의 라디오 쇼를 진행하는 개리슨 케일러(Garrison Keillor, 작가)는 의지를 이렇게 설명했다. "의지란 당신이 할 필요가 있는 일을 하기 위해서 자리에서 벌떡 일어나 행동하는 힘을 말한다." 또한 이 의지는 미래에 우리 아이들한테 꼭 필요한 힘이기도 하다. 의지의 힘이 없으면, 아이들이 품고 있는 희망들과 꿈들이 실제 행위로 전환되지 않을 것이기 때문이다.

아이들은 의식적으로 일상의 중요한 일들을 반복적으로 꾸준히 해나가야 하고, 좋은 습관을 가져야 한다는 부드럽고 일관된 요청을 받아야 한다. 그러면 시간을 두고서 아이들의 좋은 습관이 길러질 것이다. 마구 돌아다니지 않고 의자에 단정하게 앉아 있는 일, 음계를 연주하는 일, 연필을 깎는 일 같은 아주 간단한 일들이 의식적인 훈육이 될 수 있다. 그러면 아이들은 공부와 관련된 것이든 예술이나 운동과 관련된 것이든, 성공의 기초가 되는 일상적인 일들을 잘 수행할 수 있을 것이다.

어린 시절의 세 단계

사려 깊고, 정서적으로 참여하고, 의도적인 행동을 하는 능력들이 서로 긴밀하게 연결되어 있을지라도, 그 능력들이 똑같이 균일하게 발달하지는 않는다. 오히려 뚜렷이 구분되는 7년 단위로 어린 시절의 세 단계들이 진행되는 동안, 그 능력들 각각이 두드러진 방식으로 발달한다. 그러므로 발도르프 학교에서는 유치원 단계, 초등학교 단계, 고등학교 단계*가 서로 다른 방식으로 연구되고 다루어진다.

유치원 시절

태어나서 7살 무렵이 될 때까지의 어린 시절에 아이가 가장 우선적으로 하는 일은 활동적으로 몸을 움직이는 일이다. 두 발을 힘껏

* 발도르프 초등학교는 1학년부터 8학년까지 총 8년으로 우리나라의 초등학교 1학년부터 중학교 2학년까지의 시기에 해당되며, 발도르프 고등학교는 9학년부터 12학년까지 총 4년으로 우리나라의 중학교 3학년부터 고등학교 3학년까지의 시기에 해당된다.

차면서 울고 있는 아기 모습이나 발가락들을 꼼지락거리면서 젖을 먹고 있는 갓난아기의 모습을 보면, 이 사실을 잘 알 수 있다. 또 걸음마하는 아이의 활동적인 움직임에 보조를 맞추려고 애쓰는 부모나 보호자라면 누구든지 이런 경험을 하게 될 것이다.

활동하고자 하는 이런 충동은 유치원 아이가 놀이를 하면서 보여 주는 생기에 가득차고 의미심장한 활동에서도 쉽게 관찰할 수 있다. 이 시기의 어린아이는 활동을 통해서 모든 일에 가장 쉽게 참여하고 가장 쉽게 가르침을 받는다.

초등학교 시절

말할 필요도 없이 아이가 초등학교에 들어갔다고 해서 활동하려는 이 충동이 사라지는 것은 아니다. 또 초등학교 시기 이전의 어린아이가 감정과 연관되지 않은 것도 아니다. 다만 시간이 흐르면서 활동적인 몸의 움직임은 서서히 그 중요성이 덜해지면서, 8년간의 초등학교 시기 동안에는 내면이 성장하는 일에 점차 자리를 내주게 된다는 뜻이다.

6살 혹은 7살부터 14살 즈음까지 어린 시절의 두 번째 단계가 지나가는 동안에는 감정들이 가장 중요해진다. 이런 변화는 서서히 일어나며, 한 계절이 다른 계절로 자연스레 변화해 가는 일과 비슷한 방식으로 일어난다.

성장하는 감정적인 능력은 여름의 더운 날들에 앞서 하지(夏至)가 있는 것처럼 나타나기 시작한다. 이러한 변화들은 또 9월에 찾아오는 일반적인 가을 날씨가 되기 전에 혹은 할로윈 즈음의 완연한 가을 날씨가 되기 전인 8월 말에 한바탕 서늘하고 상쾌한 가을 날씨가 지속되는 것과 같은 방식으로 물결치듯이 나타난다.

고등학교 시절

어린 시절의 세 번째 단계는 사고가 우세해지는 시기다. 10대 아이들은 분명히 감정적이고 활동적이지만(아이들이 활동하고 싶은 마음이 들 때), 비판적으로 사고하는 능력이 청소년기의 시작과 함께, 특히 고등학교가 시작될 때 두드러지게 그 모습을 드러낸다.

세 가지 핵심이 되는 능력들의 균형 잡힌 발달

발도르프 학교에서는 한 가지 능력을 다른 능력들보다 더 중요한 것으로 여기지 않는다. 아이의 건강한 발달을 촉진시키기 위해서는 이 세 가지 면들이 골고루 발달하도록 격려할 필요가 있기 때문이다. 그래야만 명확하고 통찰력 있는 사고가 정서적인 발달이라는 테두리 안에서 발달할 수 있을 것이다. 뿐만 아니라 사고가 의미 있는 활동이라는 튼튼한 기초 위에 놓일 수 있기 때문이다.

아이들은 활동적인 경험과 감정적인 반응을 충분히 경험한 뒤에, 개념적인 이해로 자연스럽고 건강하게 발달해 가야 한다. 이런 믿음은 발도르프 교육이 따르고 있는 기본적인 신조 중의 하나다. 존 가드너(John Gardner)는 《영혼을 탐구하는 교육(Education in Search of the Spirit)》이라는 자신의 책에서 이 점을 잘 지적하고 있다.

"어린아이 시절에 환경 속에 활동적으로 동화됨으로써 사고들은 시작된다. 그리고 초등학교 시기에는 어떤 것들에 대한 명료해진 감정들로 계속 이어지다가 마침내 고등학교 시절에는 생생히 살아 있는 사고들로 꽃을 피우게 된다. 이런 것들이 바로 진정한 지성의 내용이다."[2]

아이의 발달을 바라보는 이런 관점은 지금 시대의 아이들이 처해 있는 어려운 상황을 염려하는 전 세계의 교육가들과 의사들로 구성된 조직인 '어린 시절을 위한 연합(Alliance for Childhood)'에서도 역시 채택하고 있는 관점이다.

"완전한 어른의 모습이라는 가능태에 접근해 간다는 점에서 보면, 어린아이들은 가장 극적인 발달을 보인다. 어린아이들은 처음에 감각기관들과 운동 기술들을 발달시키고, 그것들과 긴밀하게 관련이 있는 신경계를 발달시킨다. 초등학교에 다니는 시기 동안에도 아이들은 운동 기술들과 지각력을 계속해서 발달시킨다. 하지만 이 시기에 아이들이 얻게 되는 가장 극적인 것들은 사회적이고 감정적인 능력들이라고 할 수 있다.

아이들이 사회적인 능력들을 성숙시키고 자기의 기분과 행동을 조절하는 능력이 성숙해 가면, 감정과 긴밀하게 연관된 두뇌 영역이 성숙하게 된다. 마침내 사춘기가 지나고 나면, 두뇌 안에서 이루어지는 발달의 중심이 추상적인 사고와 비판적인 판단이라는 가장 발달된 사고 작용을 하는 두뇌 영역으로 옮겨 갈 것이다. 이처럼 신경의 연결들이 풍요롭게 이루어지게 되면, 감정과 활동에 직접적으로 연관된 두뇌 영역들 사이에 조화로운 발달이 이루어질 것이다."[3]

세 가지 능력이 균형 있게 발달하게 되면 모든 점에서 조화를 이룬 개인들이 출현하게 될 것이다. 미국인들은 오랫동안 다양한 재능들을 보여 주는 이런 개인들을 높이 평가해 왔다. 가령, 토마스 에디슨(Tomas Edison)*이 보여 주었던 사려 깊음과 실제적인 실용성(혹은 '솜씨 좋음')이 결합된 점, 조지 워싱턴 카버(George Washington Carver)**가 보여 준 예술적인 감수성과 날카로운 과학적 관찰력이 결합된 점을 높이 평가하는 것이다. 또 제인 구달(Jane Goodall)*** 같은 모험적인 학자들의 신체적인 활기와 지성을 그리고 빌 브래들리(Bill Bradley)**** 같은 학자이면서 운동선수들인 사람들을 높게 생각하고 있다.

모범이 되는 이런 개인들은 한쪽 면만 발달하는 것을 극복한 사람들이다. 그럼에도 불구하고 지금의 학교들에서는 균형 잡힌 발달을 중요한 교육적 목표로 생각하지 않는 것처럼 보인다. 이와 달

---

* 토마스 에디슨(1847-1931): 미국의 발명가. 특허를 받은 수가 1,000종이 넘을 정도로 많은 발명을 했다. 특히 백열전구를 개선하고 발전시킨 공로로 널리 알려져 있다.

** 조지 워싱턴 카버(1864-1943): 미국의 흑인 농학자이자 식물학 연구자. 미국 농무부에서 식물 균류학자로 일했으며, 토양의 황폐화로 미국의 목화 농업이 몰락하자 땅콩을 재배하도록 권하면서 다양한 땅콩 관련 발명품을 만들어 냈다. '땅콩 박사'로 알려져 있다.

*** 제인 구달(1934-): 영국의 동물학자이자 침팬지 연구가. 환경 운동가. 아프리카의 탄자니아에서 40여 년이 넘는 기간 동안 침팬지들과 함께 생활하면서 연구했다.《희망의 밥상》,《희망의 씨앗》,《제인 구달의 생명사랑 십계명》 등이 번역되어 있다.

**** 빌 브래들리(1943-): 미국의 유명한 농구 선수였고 나중에는 정치가가 되었다. 2000년 민주당 대통령 선거에 엘 고어 후보와 함께 출마하기도 했다.

리 발도르프 학교는 아이들이 자라면서 이 세 가지 차원이 골고루 발달하도록 격려하는 일에 전념하고 있다. 그렇기 때문에 균형 잡힌 발달이라는 이 생각은 발도르프 교육 전체에 중요한 영향을 미치고 있다.

하루의 차원들

세 가지 차원의 균형 잡힌 발달이라는 이 패러다임은 발도르프 학교에서 행해지는 하루 일과의 구조에 큰 영향을 끼친다. 초등학생들과 고등학생들은 하루 일과를 두 시간씩 이어지는 집중 과목을 공부하면서 시작하는데, 이것을 "주요 수업"이라고 부른다. 이 시간에 학생들은 가장 주의 깊고 사려 깊은 사고를 해보도록 격려를 받는다. 이 집중 수업 시간 동안에 학생들은 집중적인 방식으로 생각을 해보라는 요청을 받는다.

학생들과 선생님들은 2주나 3주 동안 하나의 주요 과목을 계속 공부하고 그 다음에 다른 과목을 시작한다. 비교적 긴 시간 동안 집중해서 하게 되는 이런 공부를 흔히 '블록 수업'이나 '구획 수업'이라고 부르는데, 다른 일반 학교들도 점차 이 방법을 활용하고 있는 중이다. 블록 수업을 행하는 이런 방식은 "미국 전역의 지역들에서 한 학교씩 조용한 혁명을 일으키고 있는 중이다."[4]

이와 달리 오후 시간에 이루어지는 수업은 보다 활동이 필요한 수업 시간으로 여겨진다. 그래서 목공 수업, 수공예, 미술, 체육 같은 것들이 오후 시간에 계획된다. 이 수업들에서 학생들은 바쁘게 손을 움직이고 활기 있게 몸을 움직이면서 오전에 조용히 앉아서 집중했던 시간과 균형을 맞추고 부족했던 생기를 보충한다. 그리고 하루의 중간이 되는 시점에 이루어지는 수업들은 아이들의 감정과 관련을 맺는다. 가령, 그림 그리기, 노래 부르기, 외국어 배우기, 오이리트미*, 형태 그리기 등이 있다. 오전 중반부터 점심시간 전까지 행해지는 이 수업들을 통해서 아이들은 좀 더 전통적인 역량을 기르는 일에 참여하게 되는 셈이다.

세 가지 차원의 패러다임이 발도르프 학교의 전체 일과에 영향을 주고 있지만, 유치원 교사, 초등학교 교사, 고등학교 교사들에 따라서 학교 일과는 다르게 적용될 수 있다. 각 단계마다 행해지는 학교의 일과는 그 정도에서 상당히 큰 차이가 날 수도 있다. 각각의 단계에서 아이가 필요로 하는 발달은 그에 맞는 접근 방식과 고유한 프로그램을 필요로 하기 때문이다.

선생님들은 발달상 그 단계에 필요하고 알맞은 방법들을 가지고서 아이들과 함께 공부한다. 선생님들이 수업에 임하는 접근 방식은 각기 다른 교사 양성 프로그램을 통해서 습득되며, 또 학교에서 아이들과의 수업 경험을 통해서 더욱 성숙되어 갈 것이다. 다음 장에서 우리는 발도르프 유치원들을 살펴보면서 이 차이점들을 탐구해 볼 것이다.

---

* 오이리트미: 루돌프 슈타이너가 창안한 일종의 언어 동작 예술. 신체를 사용해서 언어와 음악을 표현하고, 사람의 몸, 영혼, 정신이 그 자체로 예술의 수단이 된다고 보고 있다.

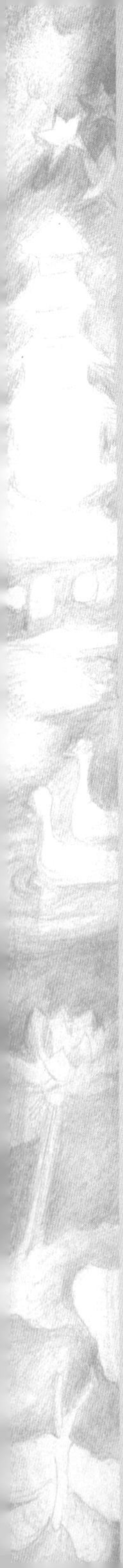

어린아이들을 배려하는 발도르프 교육 방법에서는 아이들한테 너무 일찍 공부를 가르치지 않는다. 이른 시기에 배움을 강요하는 압력은 오늘날 어린아이들의 경험에 영향을 미치는 가장 중요한 요인들 중의 하나다.

3장_ 발도르프 유치원

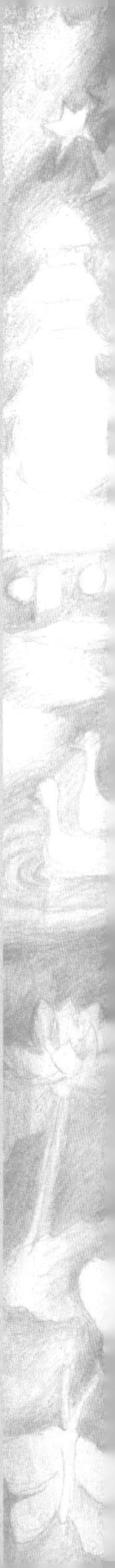

"나무들이 처음에 천천히 자라면 자랄수록 핵심 부분이 더 건강하게 된다는 사실을 알고서 나는 감명을 받았다. 그리고 인간의 경우에도 그것이 진실이라고 생각하게 되었다. 우리는 조숙한 아이들을 기대해서는 안 된다. 어린 시절의 초기에 새싹들처럼 너무 빠르게 성장해 버리면, 나무들이 무르고 금방 썩어 버리는 목재를 생산하게 되는 것처럼 인간도 그럴 가능성이 있기 때문이다. 그러므로 아이들이 처음에 어려움들과 싸워 나가면서 천천히 자란다면, 단단하고 나무랄 데 없는 사람으로 완성되어 갈 것이다. 또 그런 나무들은 아주 나이든 시기까지 거의 똑같은 속도로 꾸준하게 성장해 나간다."

- 헨리 데이비드 소로(Henry David Thoreau)*

세 살짜리 남자아이가 아빠가 모는 자동차 뒷좌석에서 사과를 먹으면서 조용히 앉아 있다. 아이가 손에 든 사과를 바라보며 묻는다. "아빠, 왜 내 사과가 갈색으로 변해요?"

---

* 헨리 데이비드 소로(1817-1862): 미국의 자연 탐구자이자 사상가. '자연주의의 고전'이 된 《월든》을 썼고, 노예제 폐지와 전쟁 반대의 신념을 밝히면서 부당한 정부에 대한 개인의 합법적인 저항을 주장한 에세이 《시민불복종》을 써서 후세에 많은 영향을 끼쳤다. 20세기 마하트마 간디의 인도 독립운동과 마틴 루터 킹의 흑인 민권운동에 큰 영향을 준 것으로 유명하다.

"왜냐하면 네가 사과의 껍질 부분을 먹고 나면, 사과의 속살이 공기와 만나게 되잖아. 그러면 공기는 사과의 속살을 산화시켜서 그 분자구조를 변화시키고, 그래서 다른 색으로 변하게 한단다." 긴 침묵이 흘렀다. 그런 다음에 아이가 부드럽게 물었다. "아빠, 지금 나한테 말한 거예요?"[1]

배움을 재촉하는 일은 오랫동안 유행이었다. 초등 3학년 아이의 읽기 능력이 중학교 1학년 수준이라는 평가를 받게 되면 학부모와 교사들은 기뻐한다. 중학교 1학년 아이의 수학적인 능력이 고등학교 1학년과 맞먹을 만하다면 축하할 일이라고 여겨진다. 그리고 고등학생들이 대학 과정의 학점을 미리 이수하게 되면 더 이상 좋을 수 없는 상황이라고 간주한다.

하지만 아주 착실하고 예측 가능한 스물다섯 살 먹은 어떤 사람을 만나게 되면 우리는 별다른 감동을 받지 못한다. 실제로 우리는 사람들이 자기 나이보다 "더 나이 든" 것을 별로 좋아하지 않는데도, 학교들은 이것을 격려하고 아이들이 그렇게 했을 때 등을 두드리며 칭찬을 하고 있는 실정이다.

성장과 배움을 재촉하는 유행과 "일찍" 배우도록 강요하는 유행을 거스르는 일은, 아이들을 교육하는 우리가 어린 시절의 생명력을 인정하고 존중한다는 것을 뜻한다. 우리는 모든 나이의 아이들 개개인이 지니고 있는 생기와 활력과 특성들이 소중하다고 여긴다.

만일 우리가 소중히 여기는 이 가치들을 보호하고 싶다면, 교육가로서 우리의 임무는 아이들이 나이보다 조숙하게 자라도록 부추겨서는 안 될 것이다. 오히려 아이의 생명력을 길러 주고 잘 자라도록 양분을 제공해야 할 것이다. 이런 일을 하는 데 가장 중요한 핵심은 어린 시절을 소중히 여기고 보호할 수 있는 학교 프로그램들을 만들어 내는 일이다.

지난 세기에 걸쳐서 전 세계에 있는 발도르프 학교들은 아이들의 어린 시절을 지켜 주는 일들을 해왔다. 즉 아이들이 아이들답게 존재할 수 있는 교육 방법들을 만들어 왔다는 뜻이다. 발도르프 유치원들은 다른 훌륭한 유치원 교육 시설에서 중요하게 여기는 것들을 많이 공유하고 있다. 또 현재 이루어지고 있는 두뇌 연구들은 발도르프 교육 방법들에 장점이 많이 있다는 점을 강조해서 언급하고 있다. 발도르프 교육은 널리 받아들여지고 있는 아이의 발달에 대한 이해에 기초해서 교육에 접근하고 있기 때문이다.

과학적 연구들은 어린아이의 두뇌가 눈에 띄게 유연하다는 사실을 보여 주고 있다. 다시 말해서 아이가 하게 되는 어린 시절의 경험들이 복잡하거나 단순한 신경계의 경로를 만들어 냄으로써 아이의 뇌 구조에 영향을 미칠 것이라는 뜻이다.

발도르프 학교의 창시자인 루돌프 슈타이너에 따르면, "아이들이 적절한 작업들을 하면서 손의 근육들을 강하고 튼튼하게 만들면, 두뇌도 주변 환경으로부터 적절한 인상들을 받을 경우에 알맞은 발달 과정을 밟아 나가게 된다. 또 상상력의 작용은 두뇌의 형태를 만들고 세워 나갈 것이다."[2]

루돌프 슈타이너의 이 주장은 교육 심리학자인 제인 힐리(Jane Healy)의 보다 최근의 작업에 의해서 구체적으로 증명이 되고 있다. "아이들이 매일 뭔가를 하는 것과 주의를 기울이겠다고 결정하는 방식들이 두뇌의 모습을 만들어 나간다. 아이들의 행동은 두뇌가 사용되는 방식을 변화시킬 뿐만 아니라, 신경계의 전송 시스템에서 물리적인 변화가 일어나게 만든다."[3]

그렇기 때문에 어린아이들이 놓여 있는 환경이 어떠한지가 분명히 아주 중요할 것이다. 아이들에게 자극을 주면서도 보호해 주고, 안락하면서 안전한 유치원 교실이 아주 중요하다는 뜻이다.

발도르프 유치원에서 아이들은 학교 교실 같은 공간이 아니라 집에 있는 공간들과 비슷한 곳에서 지낸다. 이곳에는 부엌 영역, 놀이 영역 등이 있다. 조명은 부드럽고 커튼들과 벽은 우아하고 고운 색으로 되어 있으며, 가구들은 소박하면서 자연스럽다. 대부분의 장난감들과 놀이 기구들은 나무로 만들어졌고, 아이들이 다양하게 놀이할 수 있는 곳을 발견할 수 있도록 바닥에는 알맞은 깔개들이 깔려 있다.

교육 잡지 〈만남(Encounter)〉에 실린 최근의 기사에 따르면, "학교 개혁에 관련된 연구를 하는 사람들은 배움의 환경이 어떤 모습이어야 하고 또 어떤 느낌이 들어야 하는지를 지금 다시 생각하고 있다. 두뇌에 기초한 연구에 흥미를 가진 일부 사람들은 학교가 가정과 닮은 곳이어야 한다는 믿음을 갖고 있다."[4] 두뇌 발달에 알맞은 배움이 일어나게 하는 환경에 관해서 하트(Hart)의 연구와 젠슨(Jensen)의 연구는 교육가들로 하여금 "교실이 어떤 방식으로 정돈이 되고 꾸며졌는지를 의식적으로 바라보도록 자극을 주고 있다."[5]

어린아이들을 배려하는 발도르프 교육 방법에서는 아이들한테 너무 일찍 공부를 가르치지 않는다. 이른 시기에 배움을 강요하는 압력은 오늘날 어린아이들의 경험에 영향을 미치는 가장 중요한 요인들 중의 하나다.

전국적으로 아주 이른 나이부터 직접적이고 인지적인 가르침이 증가하고 있다. 학업적인 성취를 평가하는 방법으로 학년마다 치루는 시험 성적이 갈수록 중요해지면서, 학교들은 경쟁적으로 이른 나이에 학교 수업을 시작하도록 강요했다. 그리하여 유치원에서 5살짜리 아이들에게 읽기와 산수를 가르치는 일이 이제는 관례가 되어 버렸다. 교육가들이 이제야 묻기 시작하고 있는 다음 질문은 발도르프 교육가들이 오래 전부터 물어 왔던 질문이다. "아이들더러 학교 공부를 일찍 시작하라고 재촉하면서 우리가 치르고 있는 대가는 무엇인가?"

발도르프 유치원은 어린아이들에게 풍요로운 언어적 경험을 제공하고, 규칙적인 일과와 배움의 기회를 제공하고 있다. 그렇다할지라도 이것은 공부시키기와는 다른 실제적인 목표를 가지고 있다. 즉 아이들은 배움이 자연스럽게 일어날 수 있는 기회들을 제공해 주는 풍요로운 환경에 둘러싸여 있다는 뜻이다.

만약 유치원 아이들이 노래나 시를 통해서 셈하기를 배우고 기억한다면, 아이들 스스로의 탄력적인 힘으로부터 배움이 일어날 것이다. 이런 배움은 선생님이 직접 가르치는 것을 통해서가 아니라, 아이들이 발달상으로 준비가 되면 아주 자연스럽게 일어날 것이다. 이처럼 암시적이고 은근한 방식으로 배우고 이해하는 일은 너무 이른 나이에 공부를 하도록 요구받는 것과는 완전히 반대되는 결과를 낳는다.

사실, 두뇌 연구는 이른 시기에 공부를 가르치는 일이 실제로 아이에게 해가 될 수 있다는 사실을 보여 주고 있다. 교육 심리학자인 제인 힐리는 이 점을 자신의 책《위험에 처한 마음: 왜 아이들은 생각하지 않을까(Endangered Minds: Why Children Don't Think)》에서 잘 설명해 주고 있다.

"두뇌 영역들이 신경 섬유소인 미엘린으로 구성되기 전까지(그리고 신경들이 자극들을 전달하는 데 필요한 외부 코팅을 만들어 내기 전까지), 그 영역들은 아직은 효과적으로 작동하지 않는다. 이런 이유 때문에 충분히 성숙되지 않은 아이들한테 공부하는 기능을 습득시키려는 시도는 그 배움의 결과가 불안정하고 혼란스러운 양상을 보이게 될지도 모른다. 나는 오늘날 학업상 실패의 상당 부분이 두뇌가 아직 준비되지 않은 학생들에게 어떤 식으로든 공부를 하라고 강제하고 기대했기 때문이라고 생각한다."[6]

발도르프 유아교육의 접근 방식은 아주 중요한 물음을 제기하고 있다. 만약 선생님들이 아이들 고유의 두뇌 발달에 관심을 기울이지만 일찍 공부를 가르치기를 꺼려하는 분들이라면, "발달 과정에 알맞게 아이의 두뇌를 안내하기 위해서는" 어떤 유형의 활동들을 교육에 통합시켜야 할까? 이 물음에 대한 답은 의외로 간단하다. 즉 어린아이들은 뭔가를 행하면서 배울 것이라는 점이다. 또 어린아이들이 가장 하고 싶어 하고 가장 좋아하는 것은 바로 놀이다.

놀이의 중요성

쉬는 시간에 놀이터로 나온 선생님 한 분이 자기 반 학생 한 명한테 다가간다. 그 남자아이는 놀이터 한가운데다 커다란 막대기로 구멍을 파고 있는 중이다. 다른 아이들이 뛰어다니면서 놀고 있는 곳에 아이가 열심히 파고 있는 구멍, 커다란 막대기, 아이의 열중하는 태도 모두가 선생님의 주의를 끈 것이다. 선생님은 아이한테 걸어가서 물어본다.

"뭘 하고 있니?"

"나는 불을 꺼내 주려고 해요." 아이가 대답한다.

"불?" 선생님이 다시 묻는다.

"네, 땅 밑에는 불이 있어요. 난 그걸 봤어요, 그래서 그 불을 꺼내주려고 해요." 아이가 대답한다.

이 아이의 상상력은 화산 폭발의 경험에 사로잡혀 있었던 것이다. 그리고 땅 표면 아래에는 용해된 바위로 된 커다란 우물들이 있고, 그것이 아주 극적인 방식으로 터져 나올 수 있다는 사실에 사로잡혀 있었던 것이다.

최근에 워싱턴시에 있는 스미소니언 협회(Smithsonian Institution)* 는 "창의적인 발명 과정에서 놀이가 어떤 역할을 하는지를 탐구하기 위해서" 회의를 열었다. 그리고 "발명가들, 과학자들, 예술가들이 보여 주는 창조 과정들이 놀이를 통해서 물리적 세계를 변환시키는 것과 어떤 식으로 놀라울 정도로 비슷한지를" 보여 주었다.

이 회의 기간 동안에 발표자들과 참석자들은, 알렉산더 플레밍 경(Sir Alexander Fleming)** 같은 창조적이고 창의적으로 사고하는 사람들의 삶에서 놀이가 어떤 역할을 했는지를 탐구하였다. 플레밍 경은 자신의 세균 배양용 접시들을 사용해서 그림을 그리다가 페니실린을 발견했다고 한다. 그는 자신이 우연히 배양하게 된 푸른곰팡이를 보고서 기뻐하고 흥분했으며, 그것을 이용해서 그림을 계속 그렸다. 이 항생물질의 의학적인 특성들은 나중에서야 밝혀졌다.

놀이가 보호받을 만한 가치가 있다는 증거에도 불구하고, 전국의 유치원들은 지금 "놀이 시간"을 줄여 가고 있으며, 그 시간을 학업적인 활동들로 대체하고 있는 실정이다. 〈뉴욕 타임스〉의 한 기사는 이렇게 쓰고 있다.

"유치원이 아이들이 와서 노는 장소라는 생각은 시대착오적인 것이다… 유치원에서 읽기와 산수에 대해 점점 더 관심을 집중하면서 놀이를 줄여 가고 있다."[7]

---

* 스미소니언 협회: 영국의 과학자 제임스 스미슨이 기증한 자금으로 미국에 설립된 협회. 자연사 박물관, 도서관, 미술관, 동물원, 연구소 같은 다양한 문화 기관들을 운영하고 있다.

** 알렉산더 플레밍 경(1881-1955): 영국의 미생물학자로 항생제인 페니실린을 발견한 공로로 노벨 생리 의학상을 수상했다.

유아교육 전문가인 톰 잼버(Tom Jambor)는 놀이 시간이나 활동하는 시간을 없애는 것을 염려하는 많은 사람들 중 하나다. 그것은 오늘날의 아이들이 필요로 하는 욕구와 뚜렷하게 반대되기 때문이다.

"한때는 아이들이 학교생활에서 의지할 수 있는 부분이었던 쉬는 시간이 지금은 많은 학교에서 거의 없어지고 있거나 뒤늦게 생각해 보고 있는 정도가 되었다… 옛날에는 대다수의 아이들이 학교가 끝나고 집에 돌아와서 뒷마당이나 동네에서 친구들과 놀았다. 이것은 아이들이 학교가 파한 후나 주말에는 놀이를 할 시간이 아주 많았다는 뜻이다. 이런 상황에서 아이들은 골고루 발달하도록 지원해 주는 사회적 경험을 충분히 할 수 있었다.

하지만 오늘날에는 너무나 많은 아이들이 방과 후에도 제한된 놀이 경험만을 하고 있는 실정이다… 우리 아이들은 놀 수 있는 권리를 잃어버리고 있으며, 이것은 위험한 상황이다. 그러므로 학교에서 쉬는 시간(실내에서든 실외에서든)을 충분히 갖는 것이야말로 우리 아이들이 놀이를 할 수 있게 보장하는 가장 최선의 시간이다."[8]

놀이는 발도르프 유아 프로그램에서 중요한 구성 요소다. 왜냐하면 놀이는 세 가지 차원의 발달, 즉 정서적으로, 지적으로, 활동적으로 아이들이 골고루 발달하도록 지원해 주기 때문이다.

놀이는 사회적인 상호작용을 하게 함으로써 아이들을 정서적으로 성숙하게 만들어 준다. 아이들이 함께 모여서 놀이를 하게 되면, 사회화를 위한 풍요로운 기회들을 만나게 되기 때문이다.《아이들

흙을 가지고 놀고 있는 아이들 © Jerilyn Ray-Shelley

삶에서 놀이(Play in the Lives of Children)》라는 책에 따르면, 놀이를 통해서 "아이들은 자기의 이기적인 마음 너머로 나아가서 사회적인 세계를 향해 자신의 앎을 확장하게 된다."[9] 서로 뭔가를 공유하고, 동의를 하고, 협력하는 일을 배워 나가면서 아이들은 사회 집단의 일원이 되는 법을 배우게 된다는 뜻이다.

긍정적인 인간관계를 형성하기 위해서는 이 사실을 이해하는 것이 아주 중요하다. 또 이런 상호작용은 발도르프 유치원에서 아이들이 배우기 시작하는 중요한 삶의 배움들 중의 하나다.

놀이가 지닌 또 다른 중요한 이로움으로는 사려 깊은 마음이 생겨나고 뭔가에 몰두해서 집중하는 힘이 발달한다는 점이다. 인간 지성과 창조성에 관해 책을 쓴 유명한 저자인 조지프 칠턴 피어스(Joseph Chilton Pearce)에 따르면, "놀이는 어린 시절의 행복과 슬기롭고 명석한 어른의 길로 가는 지름길이다… 놀이하는 아이들은 우리 어른들이 보통 하는 것처럼 자기 손이나 몸으로 한 가지 일만을 하는 것이 아니다. 또 마음으로 뭔가를 생각하거나 목소리로 뭔가를 말하고 있는 것만도 아니다. 아이들은 놀이의 세계에 완전히 몰두해 있으며, 놀이에 관련된 자기들의 이야기에 푹 빠져 있다… 이런 식으로 훈육을 하게 되면, 진정으로 관심을 집중하는 일과 한 가지 목표로 향하는 마음이 자연스럽게 발달할 것이다."[10]

놀이는 아이가 집중하는 시간(오늘날에는 이 시간이 점점 짧아지고 있어서 대단히 염려가 되는 상황이다)을 길어지도록 하는 데 도움을 줄 것이다. 뿐만 아니라 풍부한 상상력을 발휘하게 하고, 여러 갈래로 생

수채화 그림을 그리고 있는 아이 ⓒ Larry Canner

각하도록 하는 확산적 사고(divergent thinking)*를 격려할 것이다. 또 아주 다양한 방식으로 상황을 생각해 보고 문제를 해결하도록 도와줄 것이다.

확산적 사고는 문제 해결을 하는 데 필요한 아주 중요한 능력이다. 또 빠르게 변화하고 있는 오늘날의 첨단 기술 시대에서는 너무나 소중한 능력이기도 하다. 한 가지 문제에 한 가지 답을 찾아내는 식의 집중적인 생각과는 달리, 여러 갈래로 생각하는 일은 다양한 해답들을 찾아보도록 격려해 줄 것이다.

발도르프 유치원 선생님들은 의도적으로 자기 반에 놓아둘 놀잇거리들을 선택한다. 이 놀잇거리들은 단일한 목적을 위해서 고안된 것이 아니라, 아이들이 그때그때 다양한 방식으로 활용할 수 있도록 만들어진 것들이다. 경험이 많은 발도르프 유치원 선생님인 낸시 포스터(Nancy Foster)는 이렇게 말하고 있다. "예를 들어, 구부러진 나무조각 하나가 냇물을 가로지르는 다리가 될 수도 있고, 전화, 배, 아기 요람, 배달 트럭, 물고기, 가게에서 파는 물건, 우편배달부가 배달하는 소포 등이 될 수도 있다. 물론 아주 어린아이들은 그것을 그저 또 다른 '땔나무' 조각으로 볼 수도 있다. 그 아이들은 교실에 뭔가를 옮겨 와서 쌓아놓는 일을 너무나 좋아하기 때문이다."[11]

같은 물건을 가지고서도 수없이 다양한 방식으로 놀이를 하도록 격려를 받은 아이들은 아주 유연한 사고를 발달시킬 것이다. 이런 사고는 하나의 문제를 아주 다양한 관점에서 생각해 볼 수 있

---

* 확산적 사고: 다양한 아이디어를 창의적으로 생성하는 사고의 과정. 1950년대에 미국의 심리학자 조이 길퍼드(Joy Guilford)에 의해 제안된 개념.

게 해준다.

활동적인 놀이: 실내 놀이와 바깥 놀이

선생님 한 분이 놀이터에 있는 아주 커다란 나무둥치 근처에 서 있다. 선생님 가까이에는 반에서 가장 활동적인 아이들 세 명이 둘러서 있다. 그 아이들은 아직 가만히 있는 상태다. 선생님은 굽은 손잡이가 달린 커다란 타래송곳(나무에 둥근 구멍을 뚫는 데 쓰는 송곳)과 4피트 길이(약 1.2미터)의 장대 하나를 들고 있다.

선생님과 아이들은 나무둥치 한가운데다 송곳으로 구멍을 뚫고, 그 구멍 속에 장대를 똑바로 세워 놓을 준비를 한다. 그 전에 먼저 장대에다 도르래를 잇고, 장대를 따라 미끄러지게 끈을 달아매고, 그 끈에다가 붉은 천 조각 하나를 두 개의 작은 옷핀으로 붙여 놓는다. 이제 세 명의 아이들은 커다란 나무둥치 위에 서서, 구멍을 판 자리에 장대를 꽂아 놓고는 자기들의 배를 위해서 깃발을 올린다. 그리고는 상상의 바다를 멀리 응시하면서 모험을 떠날 준비를 한다.

놀이의 세 번째 유익한 면은 활동성이다. 유아교육에서 가장 기초가 되는 원리는 아이들이 자기 주변의 환경과 상호작용을 하면서 세상에 대해 가장 잘 배워 간다는 점이다.[12] 이러한 놀이 활동은 실내와 바깥에서 모두 해보도록 권장된다.

바깥 놀이 시간은 발도르프 유치원 프로그램에서 계절과 상관없이 정규적으로 행하는 일과의 한 부분이다. 바깥에서 보내는 시간은 자연 세계를 올바로 이해하도록 장려하기 때문이다. 도시적인 환경에서도 발도르프 유치원들은 바깥 놀이를 위해 나무들, 관목들, 작은 나무둥치들이 있는 자연적인 놀이 공간이나 아이들이 보호받을 수 있는 곳들을 찾으려고 애를 쓴다. 심지어 아이들이 기어오를 수 있는 나무 더미들이 임시로 쌓여 있는 곳을 찾아내기도 한다.

지금 유치원들이나 학교 운동장들에는 흔히 아스팔트로 포장되었거나 공장에서 만들어진 기어오르는 구조물들이 갖춰져 있다. 하지만 발도르프 유치원들은 보다 자연적인 풍경을 만나려고 하기 때문에 이런 식으로 꾸며진 공간을 거절한다. 좀 더 자연적인 환경 속에 있어야만 아이들은 상상력이 풍부한 방식으로 참여를 하고, 이 지구와 더욱 연관을 맺을 수 있기 때문이다.

아이들이 바깥으로 나가게 되면 자연이 장난감들을 제공할 것이다. 나무에서 떨어져 나온 나무껍질들이 웅덩이에 띄울 수 있는 보트가 될 수 있다. 아이들은 이끼 조각들을 모아서 나무뿌리 사이의 구멍에다 자기들이 만들고 있는 집의 바닥을 덮는 재료로 사용할지도 모른다. 그런 다음에는 도토리들과 다른 나무에서 "떨어진 것들"로 집을 멋지게 꾸밀 수도 있다.

가을에 단풍이 든 나뭇잎들과 봄에 피는 민들레꽃들로 왕관을 만들어서 머리에 써볼 수도 있다. 작은 규모로 뭔가를 만들어 보는 이러한 활동들은 손가락 운동들을 하게 함으로써 손재주라고 하는 섬세한 운동 기술이 발달하도록 지원할 것이다.

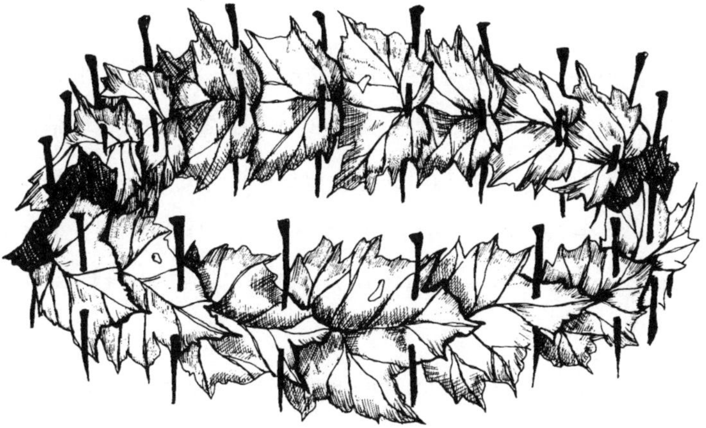

나뭇잎으로 만든 왕관

활기찬 바깥 놀이는 또한 아이들이 자연과 긴밀한 관련을 맺게 해준다. 쓰러진 나무 한 그루가 아이들 놀이를 위한 풍요로운 구조물이 될 수 있다. 그래서 아이들이 아주 다양한 방식으로 상상력이 풍부한 활동들을 해보게끔 격려해 줄 것이다.

남자아이들과 여자아이들은 이 나무의 “등”에 올라가서는 자기들이 고래 등에 올라타고 있다고 상상하거나, 스쿨버스 안에 앉아 있다고 상상할 것이다. 날씨가 약간 뜨거운 날이면, 아이들은 이 나무의 그늘에 옹기종기 모여 앉을 것이다. 그리고는 서로 눈을 가까이 맞추면서 로켓 항공기가 우주 공간으로 날아가는 소리를 낼 것이다. 이런 소리는 앞으로 며칠 동안 계속될 놀이의 시작일 뿐이다. 즉 전날에 자기들이 놀다가 떠나왔던 그 공간을 아이들이 다음날에도 다시 찾아가서 놀 것이다.

상상력이 풍부한 선생님이라면 비슷한 종류의 떠들썩한 놀이가 교실 안에서도 질서 있는 방식으로 일어나게 할 수 있다. 나무둥치들과 나무로 만든 놀이 테이블들은 발도르프 유치원에서 기본적으로 구비하는 것들이다. 아이들은 정성을 들여서 놀이 구조물들을 세우려고 이 놀이 용품 주위를 여기저기 돌아다닐 것이다.

문은 열려 있고, 마른 몸이지만 활기차 보이는 남자아이 하나가 유치원 교실로 걸어 들어온다. 아이는 선생님과 다른 아이들과 인사를 나눈 다음에 자기 잠바를 자그마한 공간에 벗어 놓는다. 나이 구분 없이 모인 이 유치원 반에서 아이는 조금 큰 아이들 축에 속한다. 그래서 아이의 놀이는 자연스럽게 더 집중이 되어 있고 자발적이다.

곧바로 아이는 집을 지을 만한 것들을 찾아서 여기저기 돌아다닌다. 사용하지 않고 있는 놀이 테이블을 가져오고, 몇 개의 큰 나무둥치를 밀면서 적당한 위치를 잡는다. 그리고는 다른 아이들이 잘 사용하지 않는 구석 자리에 커다란 놀이 구조물을 세우기 시작한다. 이 아이는 지금 몸을 써서 놀이에 참여하고 있는 중이다. 즉 물건을 들어올리고, 나르고, 밀고, 배치하는 일을 하고 있다. 아이는 또한 생각을 하면서 이 일을 하고 있다. 반에 들어오기 훨씬 전에 결정했던 방식대로, 이러저러한 물건들을 그 자리에 옮겨 놓는 식으로 말이다.

아이는 분명히 자기가 하고 있는 일에 온 마음을 다해서 몰두하고 있다. 다른 아이들은 처음에는 그저 쳐다보고만 있다. 마크 트웨인(Mark Twain)*이 묘사했듯이, 담장에 회반죽을 바르고 있는 톰 소여를 바라보고 있는 아이들처럼 말이다. 열정을 가지고 행해지는 작업만큼 사람의 마음을 끄는 행동이란 거의 없기 때문이다.

놀이는 어른들이 일을 중요하게 생각하는 것만큼이나 아이들에게 중요하다. 놀이는 아이들이 행하는 진지한 사업이라고 할 수 있다.

---

* 마크 트웨인(1835-1910): 미국의 소설가이자 사회 풍자가. 《톰 소여의 모험》, 《허클베리 핀의 모험》, 《왕자와 거지》 등의 작품이 있다.

일의 중요성

일은 또한 발도르프 유치원에서 중요한 역할을 한다. 선생님들은 아이들 주위에서 의도적으로 어떤 일들을 하며, 가능할 때마다 아이들의 도움을 받으면서 그 일을 한다. 중요한 일을 하는 날은 달력에 있는 한 주의 일정표에 따라서 요일이 정해져 있다.

일반적으로 빵을 굽는 날이 있고, 비누나 버터를 만드는 날이 있고, 식탁 위에 까는 깔개들을 손빨래하는 날이 있다. 그리고 매일 간식을 준비하는 시간이 있다. 아이들은 이러한 활동들에 열심히 참여할 것이다. 왜냐하면 아이들은 밀가루를 반죽하고, 음식 재료를 잘게 썰고, 심지어 설거지하는 일조차 하고 싶어 하기 때문이다.

이런 일들에 참여하는 것을 통해서 일찍부터 중요한 교훈을 아이들한테 가르칠 수 있다. 즉 삶을 살아가기 위해서는 꼭 해야 할 필요가 있는 일들이 있다는 교훈을 가르칠 수 있다. 그러면서 아이들은 자기가 맡은 일을 해내는 것을 배우게 되고, 다른 사람을 돕는 법도 배울 것이다.

유치원에서 규칙적으로 일상의 일들을 하면서 아이들은 현실 세

일을 하고 있는 아이들 © Jerilin Ray-Shelley

계와 더욱더 강한 관계를 맺게 된다. 요즘 시대에 어떤 아이들은 "가상"의 세계로 쉽게 빠져들어 갈 위험이 있다. 그런 가상 세계 속에서는 음식과 다른 일상생활을 위한 품목들이 아무 노력 없이 그냥 나타나는 것처럼 보인다. 그러므로 실제로 빵을 먹기 위해서는 누군가의 노동이 있어야 가능하다는 사실을 아이들이 경험하는 것이 좋을 것이다.

아이들은 자기들이 먹는 빵이 탈곡한 밀로 만든다는 사실(심지어 유치원에서 밀을 직접 탈곡해 볼 수도 있다)을 알게 된다. 때로 이 밀을 가지고 밀가루로 만들어 볼 수도 있다. 그런 다음에 아이들은 밀가루에 물과 이스트를 넣고 섞어서 반죽하는 것을 돕는다. 아이들은 빵이 구워질 때의 냄새를 맡고, 빵이 다 만들어지면 당연히 그 빵을 맛있게 먹는다.

이 과정은 아이들로 하여금 빵이 무엇으로 만들어지는지에 관해서 완전히 이해하게 도와줄 것이다. 이 빵을 먹기 전에 감사의 말을 하는데, 이 일은 발도르프 학교에서 일상적으로 행해지는 일 중의 하나다. 이때의 분위기는 지구 위에서 살아가고 있는 우리에게 주어진 모든 것들에 대한 올바른 인식과 감사의 마음이 가득 찬 분위기다.

은빛 비, 빛나는 태양,
주홍색 양귀비꽃들이 자라는 들판,
밀밭에서 살랑대는 잔물결들,
이 모든 것들이 우리가 먹는 빵에 들어 있어요.

그래서 음식을 먹으려고 매일 식탁에 앉을 때마다,
우리가 느끼곤 하는 감사의 말을 하게 되지요.
우리가 지금 비와 태양과
주홍색 양귀비꽃들이 자라는 들판을
먹고 있다는 고마운 느낌을 전하려고요.
- 작자 미상

모방의 중요성

이처럼 아이들이 일상적인 일들에 자연스럽게 참여한다면 아주 긍정적이고 유익할 것이다. 이 사실에 더해서 발도르프 유치원에서 행해지는 일에는 또 하나의 중대한 목적이 있다. 바로 모방할 수 있는 행동을 제공한다는 점이다.

어린아이들이 있는 곳에서 어른들이 행하는 행동, 의미와 목적이 있는 행위는 아이들이 모방할 수 있는 행동을 제공한다. 어린아이들의 마음속에는 모방하고자 하는 충동이 너무나 강력하게 존재하고 있다. 이것은 표현하지 않고는 못 배기는 그런 충동이다. 그래서 어린아이들은 대부분의 시간을 모방을 하면서 배워 나간다.

어린아이들은 우리가 상상하는 것보다 훨씬 많은 것들을 광범위하게 모방한다. 아이들이 받아들인 다음 그대로 흉내 내는 인상들은 앞으로의 삶을 위해서 배우게 되는 행동들이 될 것이다. 언어를 배우게 될 때 모방의 역할은 특히 중요하다. 왜냐하면 아이들은 자기 모국어의 복잡성들을 그냥 경험하고 열심히 모방하면서 습득하기 때문이다. 그러면서 짧은 시간에 아이들은 언어를 아주 효과적으로 배울 수 있다. 즉 어린아이들은 말로 행해지는 입말을 단순히 들음으로써 문장 구문론과 어형 변화 같은 모든 문법들을 효과적으로 배울 수 있다.

어린아이들은 모방을 통해서 아주 기꺼이 그리고 아주 쉽게 배울 준비가 되어 있다. 그 이유는 그들이 완전히 열린 마음으로 또 솔직하고 무조건적인 마음으로 세상을 경험하고 있기 때문이다. 어린아이들은 세상이 좋은 곳이라는 기본 전제를 가지고서 인생을 향해 나아간다.

어린아이들은 모방할 가치가 있는 행위와 그렇지 않은 것들 사이에 선을 그어서 구분을 할 수가 없는 것처럼 보인다. 자기들 앞에서 행해지는 일들이 어떤 것이든 간에, 어린아이들이 느끼기에 그 일들이 너무나 인상적이라서 자기의 일부분이 되어 버린다. 이런 이유 때문에 어린아이들을 기르는 부모나 선생님들한테 그토록 커다란 책임이 부여된 것이다.

루돌프 슈타이너는 아이들 교육을 말할 때면 모방이 얼마나 중요한지에 관해서 집중적으로 많은 이야기를 했다.

"모방과 모범이라는 두 가지 마법적인 단어는 아이들이 자신을 둘러싼 환경과 어떤 식으로 관계를 맺는지를 암시해 준다. 그리스 철학자 아리스토텔레스는 인간을 가장 모방을 잘하는 피조물이라고 불렀다. 나중의 어떤 나이에도 어린아이 시절의 첫 번째 단계만큼 이 말이 진실인 적은 없을 것이다. 이것은 어린아이들 주위에서 일어나는 물리적인 일들을 포함할 뿐만 아니라, 아이들이 감각으로 지각할 수 있는 모든 것들을 포함한다. 다시 말해, 물리적인 공간을 둘러싸고 있는 주변 환경은 아이들의 내적인 힘들에 작용을 가할 수 있다는 뜻이다. 여기에는 아이들이 바라보고 경험하는 도덕적이고 비도덕적인 모든 행동들, 현명하거나 어리석은 행위들 전부가 포함된다."[13]

이런 이유 때문에 발도르프 유치원 선생님들은 아이들이 모방할 만한 가치가 있는 행동들을 하려고 애쓰고 있으며, 동시에 가르침을 줄 수 있는 방식으로 행동하려고 노력한다. 발도르프 유치원 선생님들은 아이들에게 뭔가를 주의 깊게 해야 한다고 말로 강하게 타이르거나 훈계하는 일을 많이 하지 않는다. 그보다는 오히려 그런 행동들을 자신이 직접 그리고 꾸준히 행하면서 아이들에게 모방할 수 있는 모델을 보여 준다.

아이들이 좋은 말투를 배우고, 언어의 아름다움을 올바로 이해할 수 있는 것은 어른들의 주의 깊은 언어 사용을 모방하면서다. 뿐만 아니라 풍요로운 어휘를 발달시키기 위해서도 어른들이 의식적으로 언어를 풍요롭게 사용해야 한다. 선생님들이 단지의 뚜껑을 다시 닫아 놓는 방식, 도구들을 제자리에 돌려놓는 방식, 주방 조리대를 깨끗이 닦고 설거지를 하는 방식을 보면서, 아이들은 어떤 일과 어떤 활동들에는 알맞은 순서가 필요하다는 것을 배우고 책임감을 배울 것이다.

유치원에서 행해지는 하루의 일과 중에서 선생님이 의도적으로 행하는 이 모든 일들은 어린아이에게 무의식적인 가르침을 제공할 것이다. 이때 가장 중요한 점은 선생님이 기꺼이 하려는 마음을 갖는 것이다. 즉, 선생님은 아이들에게 좋은 것을 보여 주기 위해서 가능한 최선을 다해 기꺼이 그 일을 하려는 마음을 가져야 한다.

이야기의 중요성

비록 놀이 활동들과 의미 있는 일상의 일들이 유치원 아이의 경험에 중심적이긴 해도, 매일 조용히 성찰하는 시간을 갖는 것도 역시 필요하다. 그래서 발도르프 유치원에서는 이야기 시간이 중요한 부분을 차지한다.

말로 들려주는 이야기와 작은 인형들을 움직이면서 들려주는 이야기를 들으면서 아이들은 전 세계의 동화나 전래 동화들을 배우고, 읽고 쓰기 위한 예비 능력들을 발달시킨다. 이런 시간에 선생님들은 아이들의 상상력에 불을 붙이기 위해서, 입으로 전해지는 말의 특질에 대단히 주의를 기울이고 또 공들여서 단어들을 선택할 것이다.

유치원 선생님들은 가능한 책을 그대로 읽어 주는 것이 아니라 이야기들을 기억했다가 아이들에게 다시 들려준다. 그래야 운율이 있는 시구들과 간단한 노래들이 곁들여진 입말의 마법이 아이들을 사로잡을 수 있기 때문이다. 이런 말들에 매혹된 아이들은 자기들이 사용하는 어휘를 풍요롭게 늘릴 것이고, 주의력을 집중하는 시간을 좀 더 확장하게 될 것이다.

전 세계에서 유래한 동화나 전래 동화를 들려주는 일은 훈계나 가르침을 받는다는 부담을 주지 않으면서 아이들에게 좋은 행동의 모범을 제공해 줄 것이다. 이야기 시간은 가까이서 얼굴을 보면서 이루어진다. 이 시간 동안 이야기를 해주는 사람은 아이들이 필요로 하고 있고 또 정서적으로 풍요롭게 양육해 줄 수 있는 매혹적인 세계를 창조할 것이다. 동시에 이야기 시간은 아이들이 나중에 학교에 들어가서 만나게 될 공부에 대해서 준비를 하게 해준다.

이렇듯 이야기를 듣는 일은 학교에서 이루게 될 성취를 위한 훌륭한 준비가 될 수 있는 것이다. 이에 대한 증거로는 알베르트 아인슈타인(Albert Einstein)*이 개성적으로 말했던 매혹적인 이야기가 있다. "당신 아이들이 똑똑하길 바란다면, 아이들에게 동화를 들려주어라. 당신 아이들이 아주 똑똑해지길 바란다면, 더 많은 동화들을 들려주어라."

이야기들을 듣는 것 말고도, 유치원 아이들은 매일 아침마다 함께 둥글게 원을 만드는 시간을 갖는다. 선생님과 보조 교사는 아이들과 함께 둥글게 원을 만들어서 아이들이 노래와 몸을 움직이는 활동을 하도록 이끈다. 가령, 전래 동요를 부르면서 깡충깡충 뛰기를 하는 식이다. 이런 활동들을 하면서 아이들은 은근한 방식으로 배워 나가고 있지만, 직접 참여해서 놀이를 하는 순수한 기쁨에 의해서 이 배움은 "감추어져 있다".

---

* 알베르트 아인슈타인(1879-1955): 독일 태생의 이론물리학자. 광양자설, 특수상대성이론, 일반상대성이론을 발표하여 고전물리학에 혁명적인 변화를 가져왔다.

아이들의 손과 발이 조화롭게 조정되고, 눈과 손이 조화를 이루고, 리듬감을 갖추게 되고, 음조와 색상을 인식할 수 있고, 공간 지각력을 갖추는 일은 모두 이러한 즐거운 활동들을 하면서 북돋아져 길러진다. 또한 인간 지성의 전체적인 다양성 역시 이런 즐거운 활동들을 통해서 연마될 것이다. 그렇게 되면 아이들한테는 배움이 너무나 즐거운 일이 될 것이기 때문에 배워야 한다고 말할 필요조차 없을 정도로 자연스럽게 배워 갈 것이다.

때로 일반 유치원들, 어린이집들, 보육 센터들에서도 배움이 자연스럽게 장려되고 아이들이 꽃처럼 활짝 피어나는 것처럼 보이는 곳들도 있다. 발도르프 학교들은 이런 곳들을 환영할 것이다. 어린아이 시기의 몇 년 동안에 어른들이 해야 하는 임무는 아이들이 활동적인 일과 놀이를 하게 해서 어린 시절이라는 토양을 풍요롭고 비옥하게 가꾸는 것이 전부이기 때문이다.

이 시기는 어린 시절의 비옥한 토양이 상상력의 힘을 통해서 싹트기에 좋은 무르고 부드러움을 유지하는 시기다. 또한 배움이라는 첫 씨앗들이 안전하게 보호되고, 사랑을 받는 환경 안에서 그 씨앗들이 따스하게 유지되는 시간이기도 하다. 발도르프 선생님들은 교육을 길게 바라보는 관점을 가진다. 이 점에서 텃밭을 가꾸는 사람들의 인내심과 닮았다고 할 수 있다. 그들은 배움이라는 씨앗들이 비옥한 토양에 심어졌을 때 부드러운 싹들이 나오는 때가 있음을 믿는 사람들이다. 그리고 기나긴 성장 시기들을 지나고 모든 것들이 열매를 맺게 되면, 풍요로운 수확이 있을 것이란 사실을 믿는 사람들이다.

발도르프 유치원 선생님들이 아이들을 위해서 마련하는 중요한 일들은 어린아이들이 미래에 필요한 능력을 의미 있는 방식으로 발달할 수 있도록 해줄 것이다.

다양한 감각을 활용하는 이런 창의적인 가르침을 하찮게 취급해서는 절대로 안 될 것이다. 이런 가르침은 학생들이 보다 질서 있게 생각하도록 이끌어 주는 건강한 방식에 토대를 두고 있기 때문이다.

4장_ 발도르프 초등학교

"가장 위대한 과학자들은 예술가들이기도 하다. 상상력은 지식보다 더 중요하다. 지식은 한계가 있기 때문이다. 반면 상상력은 세상을 감싸고 있다."

- 알베르트 아인슈타인

책상들은 한쪽으로 밀어 놓았고, 스물네 명의 초등학교 1학년생들이 자기 반에서 활달하지만 정돈된 방식으로 원을 이루어서 동작을 하고 있다. 선생님의 지도에 따르는 아이들의 뺨은 발갛게 물들어 있고 눈은 반짝거리고 있다. 곧이어 동작을 멈춘 아이들은 발을 가만히 모은다. 그들은 원의 중심을 바라보면서 이제는 팔을 움직이기 시작한다.

아이들은 (S가 많이 들어간 간단한 문장을) 암송하면서 글자 "S"를 공중에다 크게 그린다. "교활하고 엉큼한 뱀들이 주르르 미끄러지네. 부드럽게 물결치는 풀들 사이로 쉭쉭거리면서(Sly and slinking serpents slither. Hissing through the softly stirring grass)" 이 학생들은 지금 다양한 방식으로 알파벳 글자들을 배우고 있는 중이다.

8년간의 발도르프 초등학교에서 이루어지는 모든 교육은 세 가지 차원의 접근 방식을 가지고 함께 이루어진다. 아이들은 책상 위에서뿐만 아니라 발에 대해서도 생각하는 법을 배울 때가 있다. 그렇기 때문에 몸을 움직여서 활동하는 일이 수업마다 중요한 부분을 차지한다.

초등학교 1학년생들은 매일 책상을 한쪽으로 밀어놓은 다음에, 교실 안에 질서 있게 어떤 공간을 만들어서 활기찬 동작을 행한다. 함께 모여서 큰 소리로 암송을 하거나 노래하고 깡충깡충 뛸 때도 있다. 그런 뒤에 아이들은 교실을 다시 원래대로 만들고는 의자에 앉아서 배울 준비를 한다. 그러면 아이들은 내내 가만히 앉아 있기만 하는 수업이 아니라서 기뻐하면서 이제 그날의 수업을 듣는다.

이러한 외적 활동과 내적 활동 사이를 오가는 일은 아이들의 주의력이 밀물과 썰물처럼 자연스럽게 오가도록 허락할 것이다. 그리고 아이들이 수업에 주의를 기울일 때, 선생님이 무미건조하고 추상적으로 가르쳐서 아이들이 실망하게 만들어서는 안 될 것이다. 초등학교 수업들도 역시 아이들의 가슴에 감동을 주어야 하며, 아이들의 상상력에 불을 지펴야 한다. 이 점은 읽기를 가르치는 경우에 아주 분명히 나타난다.

* 발도르프 학교에서 초등학교라고 할 때는 초등 1학년부터 8학년까지를 말한다. 발도르프 담임 선생님은 보통 초등학교 8년 동안 한 반을 맡아서 계속 가르친다.

읽기를 가르치기

어떤 뱀(snake)에 관한 드라마틱한 이야기를 들으면서 아이들은 글자 "S"를 처음으로 배우게 된다. 이런 방식은 각양각색의 특정한 단어들을 배우면서 그 단어가 지닌 발음상의 관련성을 배울 수 있게 해준다. 뿐만 아니라 그 단어의 아름다움을 포함해서 모든 것들을 아이들에게 제시할 수 있다.

교묘하게 도망치는 뱀에 관한 묘사는 초등학교 1학년생들이 그 뱀을 상상해 보도록 도와줄 것이다. 즉 뱀이 은밀하게 쉬는 장소로 비밀스럽게 미끄러져 갈 때, 교활한 방식으로, 쉭쉭거리면서, 스르르 자취를 감취는 모습을 상상할 수 있게 해줄 것이다.

처음에 아이들은 칠판에 아름답게 그려진 뱀의 그림을 볼 것이다. 그 뱀은 현대화된 상형문자처럼 글자 "S"를 닮은 모습으로 그려져 있다. 이 이미지는 아이들로 하여금 시각적인 인식을 불러일으키고, 새로운 글자의 모양에 의미를 부여해 줄 것이다. 이런 식으로 배우는 글자가 "S"만은 아니다. 알파벳의 모든 자음들이 말로 하는 입말과 시각적 그림을 함께 섞어서 다중 감각적인(multi-sensory)

방법으로 가르친다.

"발도르프 학교들은 아이들이 읽기를 배울 때 시각적 방법과 청각적 방법이 지닌 가치들이 무엇이고 어떤 것이 더 나은지에 관해 논쟁하면서 시간을 허비하지는 않는다. 그들은 이 두 가지 방법을 모두 사용하고 있으며, 그에 더해서 다른 방법들도 활용해 다양한 방식으로 가르친다. 하지만 그 학교의 독특함은 읽기와 쓰기라는 지루하고 틀에 박힌 방식에서 탈피해서, 각각의 단어가 원래 지니고 있던 놀라운 힘을 풀어놓는 방식에 있다.

그리하여 글자들을… 소리 내는 아이들의 음성이 교실을 가득 채운다. 그리고 아이들은 애정 어린 관심을 가지고서 그 글자를 종이에다 큼지막하게 적은 다음에 색을 칠하게 될 것이다. 전통적인 스타일로 작게 쓰기 전에 글자들은 환상적인 방식으로 아주 크게 그려지고 색칠이 된다.

가령, B라는 글자의 모양은 bumblebee(벌), butterfly(나비), bear(곰)의 모습과 연관을 맺으면서 그려질 것이다. 이 B를 소리 내어 말할 때면, 그 형태 안에는 burgeoning(싹이 나오고), blooming(꽃이 피고), bountiful(풍요로운) 어떤 것들을 간직하고 있음이 느껴진다. 아이들은 재빨리 이 관계를 알아챈다. 아이들은 글자 B를 모델로 삼아서 두 발로 걷고 춤을 출 것이다. 그 글자를 소리 낼 때는 그 속에 살아 있는 특성을 알아챌 것이고, 손으로 그리고, 색칠하고, 쓰게 될 것이다."[1]

초등학교 1학년생들은 활동을 하면서 수업에 활발하게 참여한다. 또 반에서 매일 하게 되는 일상적인 일들을 하면서 수업에 활발하게 참여한다. 아이들은 알파벳의 모든 글자들을 연관된 단어들과 함께 주의 깊게 손으로 그려 보고 써본다. 또 백지로 된 책이나 커다란 종이 위에 정성스레 그리고 써놓는다.

어떤 이야기를 그림으로 그려서 제시하게 되면, 배우고 있는 내용에 활기를 더해 주고 다채롭게 해줄 것이다. 심지어 대부분의 발도르프 학교에서 초등학교 1학년 아이들은 자기들이 읽을 것들을 직접 만들 것이다. 선생님들은 이 작업을 위해서 시간을 배정하고, 책을 만드는 이 공부에 따로 시간을 할애한다. 그러면 아이들은 자기들이 지금 하고 있는 일이 대단히 중요한 일이라는 메시지를 받을 것이다.

초등학교 8년 동안 계속해서 그리고 고등학교에 들어가서도, 발도르프 학교에 다니는 학생들은 자기가 직접 교과서와 공부 노트를 만든다. 블록 수업으로 이루어지는 각각의 주요 과목들(블록 수업의 방법에 대해서는 앞에서 설명하였다)을 공부하는 동안에, 학생들은 자기 교과서를 직접 만들면서 충분한 시간을 보낼 것이고, 이 "주요 과목" 책들을 만들기 위해서 그림들도 풍부하게 그려 넣을 것이다.

글자들을 가르칠 때 이처럼 상상력이 풍부한 방식을 적용하게 되면, 아이들의 마음을 감동시킨다. 이런 식의 다양한 언어 경험들을 하면서 아이들은 언어가 가진 질적인 면들을 조화롭게 익혀 언어음에 대한 민감한 인식을 기르는 데 도움을 준다. 그러면 글자들은 아이들한테 익숙한 것이 될 것이고, 이제 잘 아는 사람처럼 글자들을 다정하게 바라볼 것이다. 왜냐하면 아이들이 좋아하는 이야기들 속의 주인공들과 그 글자들이 관련을 맺고 있기 때문이다.

예를 들어, 글자 "K"는 흔히 왕(king)의 모습으로 먼저 소개된다. 아이들은 글자 "K" 소리로 시작하는 단어인 king의 모습을 찾아보면서 그 글자를 배운다. 하지만 매년 초등학교 1학년생들은 "K"의 소리가 글자 "C"가 내는 소리와 같은 소리가 날 수도 있다는 사실도 이해할 수 있어야 한다. 이것은 처음 글자를 읽는 아이들에게는 약간 혼란스러울 수 있다. 그런 혼란에 도움을 주면서도 상상력을 자극하는 이야기들이 있다.

옛날 옛날에 어떤 왕이 곤란한 문제에 부딪쳤어요. 그의 왕국에는 왕이 할 일이 너무 많은데 시간이 너무 없다는 문제에 부딪친 거예요. 왕은 도움을 줄 수 있는 믿을 만한 사람이 필요했어요. 왕이 계속해서 기댈 수 있는 누군가가 필요했던 거지요. 하지만 왕은 누구를 선택해야 할지를 잘 몰랐어요. 왜냐하면 왕은 혼자였고, 왕국의 책임을 나눌 만한 여왕도 없었거든요. 궁정에서 일어나는 문제들을 계속해서 도와주는 사람으로 자기 딸을 선택해야 할까요? 성을 보호해 주고 있는 용감한 기사를 선택해야 할까요? 아니면 고문관이 해주는 조언이 항상 주의 깊게 실행되도록 고문관을 선택해야 할까요? 왕은 어찌할 바를 몰랐기 때문에, 왕국에서 가장 먼 외딴 곳에 있는 곳으로 여행을 떠났어요. 무슨 일이 일어날지를 모두 알고 있는 나이가 아주 많고 현명한 노파의 의견을 듣기 위해서였어요.

왕은 위험을 무릅쓰고 하루 종일 여행을 해서 마침내 노파의 오두막에 도착했어요. 왕은 그곳에서 노파에게 자기의 고민을 털어놓았어요. 노파

왕(king)의 첫 글자인 “K”

는 잠시 동안 자신의 수정구를 주의 깊게 살펴보고 난 다음 마침내 이렇게 말했어요. "오늘 밤 당신이 집에 돌아갈 때, 맨 처음 당신에게 인사를 하는 이가 가장 믿을 만한 조수가 될 것입니다."

왕은 왕국으로 돌아가려고 다시 길을 떠났지만, 가는 도중에 비가 내리기 시작했어요. 왕은 천천히 길을 가야 했어요. 그래서 왕국에 도착했을 때는 늦은 밤이었고, 성 안은 캄캄했어요. 왕국 전체가 아주 조용했어요. 그의 딸은 벌써 잠이 들었고, 그의 기사와 그의 고문관도 역시 잠이 든 상태였거든요. 처음에 왕은 그 현명한 노파가 틀렸다고 생각했어요. 아무도 왕에게 인사를 하지 않았기 때문이에요. 왕은 몸을 따뜻하게 하려고 타다 남은 마지막 잉걸불이 남아 있는 벽난로 옆에서 불을 쬐면서 혼란스럽다고 느꼈어요. 그런데 갑자기 그의 다리 뒤쪽을 뭔가가 문지르는 것이 느껴졌어요. 뒤돌아보니까 왕 가까이에 왕국에서 키우는 고양이가 있었어요. 그동안에도 왕을 도와주곤 했던 고양이었어요. 그 고양이는 왕을 도와주려고 글자 "C"를 가져왔어요. 어린이 여러분도 알다시피, 앞으로 왕이 고양이를 부르면서 소리 내는 것을 여러 번 들을 테지만, 이때는 왕(king)의 첫 글자인 "K"를 보지는 못하고, 그 대신 고양이(cat)의 첫 글자인 "C"를 보게 될 거예요. 이 둘은 같은 소리가 난답니다. 이 C를 보게 되면 여러분은 왕이 바빠서 지금 도움을 청하려고 고양이를 부르고 있다는 사실을 알게 될 거예요.

이런 식의 이야기를 들려주는 데는 고작 10여 분 가량의 시간이 걸릴 뿐이지만, 이런 이야기는 아이들한테 오래도록 인상을 남길 것이다. 특정한 단어들의 어원을 말로 설명하는 것보다 이런 이야

고양이(cat)의 첫 글자인 “C”

기를 들려주는 것이 아이가 그 단어를 이해하는 데 훨씬 적당할 것이다. 또 영어가 배우기 혼란스럽고 어려운 언어라고 말하는 것보다 훨씬 나을 것이다.

왕에 관한 이 이야기는 다른 글자들을 소개할 때 더욱 발전시켜서 약간 변형된 다른 이야기로 들려줄 수 있다. 예전에 나는 우리 반 아이들에게 "시끄러운 님미(Noisy Nimmy)"라는 이름의 말썽쟁이 아이에 관한 별나고 재미난 이야기를 들려준 적이 있었다. 그때 나는 글자 "N"을 아이들에게 소개하면서 이 이야기를 만들어 냈는데, 이런 이야기를 통해서 보조적으로 중요한 것들까지 가르칠 수 있다는 것을 나 역시 문득 깨달을 수 있었다.

님미(Nimmy)는 숲에 나와 있었는데, 보통 때처럼 시끄러운 아이인 채로 자신이 가장 좋아하는 말들만을 열심히 사용하고 있었어요. 그러니까 "No(싫어)", "Not(아니야)", "Never(절대 안 해)" 같은 말들을 하고 있는 중이었어요. 그때 예기치 않게 왕이 그의 신하와 함께 나타났어요. 보통 여러분들은 아이는 왕이 있는 자리에서는 조용히 있을 것이라고 생각하잖아요. 하지만 전혀 아니랍니다. 님미는 전혀 그러지 않았어요. 님미는 전보다 더 시끄럽게 떠들어 댔어요.

왕이 가까이 다가오면 다가올수록, 님미가 내는 소리도 더욱 커졌어요. 실제로 여러분이 왕 곁에 있는 님미를 보게 된다면, 왕이 무슨 말을 하는지를 전혀 들을 수 없을 거예요. 어린이 여러분, 잘 기억하세요. K와 N이 나란히 함께 있는 단어들인 KNOW(알다), KNIGHT(기사), KNIFE(칼) 같은 단어들을 보게 되면, 여러분은 오직 N으로 시작하는 Nimmy(님미)

소리만 들을 수 있을 뿐, K로 시작하는 King(왕)은 아무 소리도 안 내는 것처럼 보인다는 사실을 기억하세요.

그 다음 해에 우리 반 학생들은 이야기 하나를 함께 읽고 있었다. 우리는 이야기를 읽다가 "gnat[næt](각다귀, 모기의 일종)"란 단어를 만나게 되었다. 그 순간 아이 하나가 이렇게 말했다. "여기에도 시끄러운 님미가 있어요. 보세요. 여기서도 G가 내는 소리를 전혀 들을 수가 없잖아요!" 일 년 전에 들었던 님미 이야기가 아이들 마음속에 여전히 살아 있었으며, 아이들의 이해력은 계속해서 성장하고 있었던 것이다.

이런 식으로 아이들의 상상력을 자극하는 방식으로 가르치게 되면, 반 아이들 전체가 뭔가를 배우는 과정에 적극적이고 정서적으로 참여하게 만든다. 다양한 감각을 활용하는 이런 창의적인 가르침을 하찮게 취급해서는 절대로 안 될 것이다. 이런 가르침은 학생들이 보다 질서 있게 생각하도록 이끌어 주는 건강한 방식에 토대를 두고 있기 때문이다.

사람들은 지금 두뇌의 양쪽 면을 모두 사용하게 해주는 다양한 배움의 경험에 관해서 수많은 글들을 쓰고 있다. 언어의 음소를 인식하는 것은 일반적으로 우리의 청각적인 능력과 분석적인 능력들을 사용하는 두뇌의 좌반구가 하는 일이다. 시각적인 배움은 두뇌의 오른쪽을 활발하게 한다. 특히 그 주제에 관련해서 어떤 의미가 있을 때 오른쪽 뇌는 더욱 활발히 움직인다고 한다. 제인 힐리는 《위험에 처한 마음(Endangered Minds)》이란 책에서 이렇게 말하

시끄러운 님미(Nimmy)와 글자 “N”

고 있다.

"모든 사고 작용과 언어 과정은 두뇌를 이루는 두 개의 반구들이 동시에 활성화되도록 요청한다. 잘 기능하고 있는 두뇌가 가진 특별한 비법은 두뇌의 좌반구와 우반구의 능력들을 함께 조화롭게 활성화시키는 데 있다. 그렇게 되면 어떠한 배움의 상황에서든지 가장 적합한 과정의 '스타일'을 활성화시킬 것이다. 이처럼 활성화된 반구들은 서로를 연결하고 있는 섬유소들(corpus callosum, 뇌량: 두뇌의 좌반구와 우반구를 연결해 주는 두터운 섬유 다발)의 다리를 건너서 끊임없이 빠르게 서로 소통을 하고 있다는 뜻이므로, 아마도 상호작용을 하는 그 능력이야말로 보다 높은 수준의 추론을 가능하게 해주는 궁극적인 핵심일 것이다."[2]

두뇌의 좌반구와 우반구 사이의 소통은 음성적인 인식과 시각적인 인식을 둘 다 사용하면서 언어를 가르칠 때 일어난다.

"일본에서는 글자 형식의 활자와 그림 형식의 활자를 함께 읽는 법을 배운 사람들이, 글자 형식의 활자만을 읽는 사람보다 두뇌의 두 부분을 훨씬 동등하게 활성화시키면서 언어를 처리하는 경향이 있다."[3]

읽기에 접근하는 발도르프 교육 방식은 다양한 감각을 활용해서 이루어진다. 즉 드라마틱한 시각적 이미지를 제공하고, 두 발로 글자를 그리면서 걷기를 하거나 진흙이나 밀랍으로 글자와 관련된 모형을 빚기도 한다. 이처럼 아이들이 글자를 몸으로 경험하도록 하면서 또 다양한 감각을 활용해서 읽기를 가르치는 것이다. 이런 방식은 아이의 능력 전부가 활발하게 활동하게 해주고, 두뇌의 두 부분을 모두 사용하게 한다. 그렇게 하면 읽기를 배우는 일이 보다 의미 있는 것이 될 것이고, 잘 잊지 않게 된다. 뿐만 아니라 읽기가 훨씬 유익하고 보람 있는 일이 될 것이다.

많은 사람들이 글을 읽을 수는 있지만 읽지 않는 것을 선택하고 있다. 그러므로 사려 깊고 정서적이면서 활발하게 책에 몰두하는 사람들을 길러 내기 위해서는, 아이들이 내적으로 활기차게 반응할 수 있는 방식으로 읽기를 가르쳐야 할 것이다. 다시 말해서 읽기를 가르치는 일이 상상력이 풍부하고, 생생하고, 마음 깊이 느낄 수 있는 방식이어야 한다. 그래야 아이가 지닌 능력 전체가 활발하게 활동하도록 격려할 수 있기 때문이다. 그러면 아이는 점차 온전한 인간으로 성장해 나갈 것이고, 자신의 역량을 완전히 발휘하는 경험을 할 수 있을 것이다.

예술을 통해서 가르치기

발도르프 교육에서 예술은 아주 중요한 역할을 하고 있다. 스탠퍼드 대학교에서 교육과 예술을 가르치는 교수인 엘리어트 아이스너(Eliott Eisner)는 자신의 책《우리에게 필요한 학교들의 특질(The kind of Schools We Need)》에서 많은 아이들이 느끼는 것들이 무엇인지를 정직하게 들려주고 있다.

"다섯 살에서 열세 살 사이에 내가 다녔던 두 개의 초등학교에서 예술(시각예술)은 나에게 구원의 원천이었다. 초등학교에서 나는 공부를 잘하지 못했다. 산수는 혼란스러운 골칫거리였다. 글씨 쓰기도 잘하지 못했는데 지금도 글씨를 멋지게 쓰지 못한다. 철자법은 지긋지긋하게 귀찮은 일이었고, 영문법도 너무나 의미가 없었다. 비록 내가 간접 목적어와 직접 목적어 사이의 차이를 정확하게 지적할 수는 있을지라도 그러했다. 당시에 영문법의 특성을 배운다고 문장들을 낱낱이 분해해서 도표로 만들었던 일을 지금도 생생히 기억하고 있을 정도다. 하지만 예술은 그런 것들과는 전혀 다른 것이었다."[4]

나는 예술적인 활동들이 어떻게 아이들로 하여금 배움의 과정에 정서적으로 참여하게 도와주는지를 계속해서 경험하고 있는 중이다. 정서적인 활동은 발도르프 초등학교 경험에서 빠질 수가 없는 꼭 필요한 부분이다. 그림 그리기, 노래하기, 색칠하기, 시를 짓고 읊는 일은 정기적으로 이루어지는 교육 프로그램들이다. 왜냐하면 이런 활동들이 아이 발달의 정서적인 측면에 양분을 제공해 주기 때문이다.

유치원에서 신체 활동을 하면서 초기 어린 시절에 근본적인 지원을 제공해 주었다면, 초등학교에서 이루어지는 정서적인 참여는 튼실하게 학업 관련 공부를 지속할 수 있는 틀을 제공해 줄 것이다. "뇌 과학과 진화 심리학에서 나오고 있는 증거는, (언어와 수학과 함께 협력하는) 예술이 두뇌 발달과 그 발달이 지속되게 하는 데 중요한 역할을 한다는 점을 점점 더 많이 암시하고 있다."[5]

과학에서부터 역사까지 주요 수업 과목을 가르칠 때 예술을 통합하게 되면, 수업을 활기 띠게 하고 수업의 질을 높이게 된다. 열한 살과 열두 살 아이들이 기본적으로 배우는 사회 과목인 로마 역사는 아주 폭넓고 다양한 예술적인 경험을 제공해 줄 것이다. 학생들은 바이런(George Gordon Byron) 경*의 〈죽어 가는 어느 검투사에게 바치는 송시(Ode to a Dying Gladiator)〉를 암송하면서 시를 만날 수

---

* 조지 고든 바이런(1788-1824): 영국의 대표적인 낭만주의 시인. 자유분방하고 솔직한 언어로 낭만적이고 정열적인 시를 남겼다.

있다. 또는 셰익스피어가 쓴 희곡《율리우스 카이사르(Julius Caesar)》에 나오는 마크 앤서니(Mark Anthony)*의 연설을 통한 극적인 독백을 통해 시를 접할 수 있다.

학생들은 로마의 콜로세움을 자유롭게 연필로 그려 봄으로써 그 건축물을 제대로 이해하고 감상하는 법을 익힐 수 있다. 또한 로마 황제 트라야누스(Trajan)**의 기둥에 쓰여 있는 품위 있는 로마 글자들을 그대로 복사해 보면서 캘리그래피를 경험할 수도 있다. 그렇다고 선생님이 아이들더러 크레용이나 색연필로 검투사들의 싸움 장면을 그려 보라고 일부러 부추길 필요는 없을 것이다. 대부분이 자발적으로 그려 볼 테니까 말이다.

이렇게 예술적인 몰입이 일어나게 되면, 공부하고 있는 과목에 대한 흥미와 적극적인 반응이 일어날 것이다. 이런 식의 흥미와 반응은 11살과 12살 나이의 많은 아이들이 일반적으로 표현하고 있는 무관심과는 완전히 반대되는 현상이다. 이 시기 학생들의 강한 감정은 예술적 표현을 하면서 자유로이 방출될 것이고, 아이들은 온 마음으로 배움이라는 활동에 참여하게 될 것이다.

---

* 마크 앤서니(83-30 B.C.): 로마의 정치가이며 장군. 율리우스 카이사르의 친구이고 제2차 3두 정치를 했던 한 사람이다. 나중에 클레오파트라와 사랑에 빠져서 옥타비아누스와 전쟁을 벌였고, 결국 전쟁에 패해서 자살했다.

** 트라야누스(53-117 A.D.): 로마의 황제로 로마제국의 판도를 최대로 넓힌 황제로 꼽힌다.

수학과 예술

커리큘럼을 통합적인 방식으로 가르치는 일은 공교육을 개혁한 것이라고 할 수 있다. 이런 통합적인 가르침은 발도르프 교육 방식에서 중요한 부분을 차지한다. 다시 말해서 예술을 따로 독립된 과목으로 가르치지 않는다는 뜻이다. 발도르프 학교에서 예술은 보통 배움의 경험을 강화할 목적으로 다른 과목들과 결합해서 활용되고 있다. 이처럼 예술적으로 수업을 이끌어 가는 일은 수학과 과학을

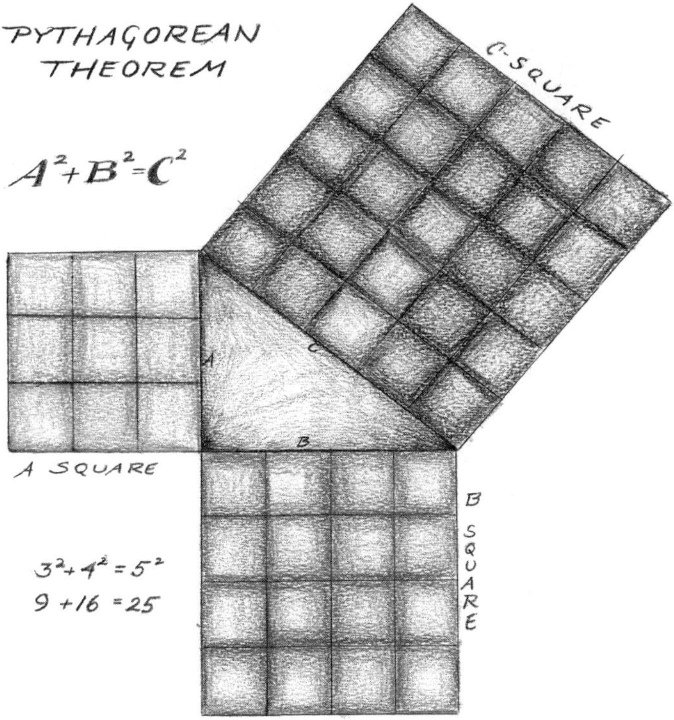

피타고라스 정리를 도형으로 그린 그림

원 그림

포함한 모든 과목에서 가능하다.

예를 들어, 발도르프 학교에서 6학년 아이들은 기하학을 배우는데, 아이들은 우선 기하학적 도형들을 직접 그려 보면서 기하학 수업을 시작한다. 원을 그리고 분할하고, 선과 각으로 이등분하고, 수직선을 그려 보는 것이다. 자와 컴퍼스 같은 제도 기구를 가지고서 다양한 도형들을 그려 보는 이 활동은, 학생들이 원, 다각형, 각들의 속성에 익숙해지게 만든다. 또한 그 과정에서 인상적인 기하학적 디자인들도 만들어 볼 수 있게 해준다.

과학과 예술

학생들은 자기들이 정서적으로 참여할 수 있는 수업을 고대할 것이다. 7학년 학생들은 연소에 관한 공부를 하는데 이 주제는 즉시 아이들의 관심을 끈다. 선생님들은 흔히 양초를 가지고서 이 수업을 시작한다. 하지만 학생들은 양초에 아주 익숙할 수도 있다. 그러나 학생들에게 촛불을 그려 보라고 하면 그 불꽃을 구성하는 색들에 대해서는 놀랍도록 잘 알지 못한다.

연소에 관한 공부를 시작하기 좋은 지점은 학생들에게 색연필로 정확하고 정밀하게 촛불의 불꽃을 그려 보라고 하는 것이다. 이 일은 주의 깊은 관찰을 요구한다. 학생들은 불꽃의 맨 아랫부분이 어떤 식으로 어두운 파란색이고 뾰족한 윗부분이 어떤 식으로 강렬한 노란색인지를 관찰하게 될 것이다. 또한 그 두 부분 사이에 어떤 식으로 약간 덜 빛나는 주홍색이 자리하고 있는지도 관찰할 것이다.

그런 다음에 선생님은 불꽃의 어두운 부분에 속이 빈 유리관의 한쪽 끝을 끼워 넣는다. 다른 쪽 끝은 시험관에 삽입한다. 몇 초 후에는 진하고 희끄무레한 증기가 관을 통해 흘러가면서 시험관에 모일 것이다. 보통 학생들은 이 과정을 관찰하면서 "와우!", "아하!" 같은 특유의 소리를 내면서 감정적인 반응을 보인다. 증기가 모아지면 시험관을 밀폐하고 얼음이 담긴 그릇에 넣어 둔다. 몇 분 뒤에 시험관 밑바닥에 희게 덮인 층이 깔려 있다.

학생들은 자기들이 보고 있는 것에 놀라워할 것이다. 그리고 촛불을 붙이는 것 같은 일상 속의 단순한 현상이 이토록 놀라운 결과를 이끌어 낼 수 있다는 사실에 궁금증을 품을 것이다. 그러면 선생님은 실험을 하면서 일어났던 일들을 정확히 글로 적어 보고, 그날 실험에서 사용된 장치를 세부적으로 상세히 묘사해 보라고 아이들에게 요청한다. 이런 요청은 아이들이 관찰력을 기를 수 있는 도전 거리가 될 것이다.

관찰력은 사고 작용에서 아주 중요한 구성 요소다. 또 학생들은 자기들이 만드는 주요 과목 책에다가 이 실험에 관한 글을 쓰고 그림을 그려 넣을 것이다. 그렇게 하면서 자기들만의 고유한 책을 만들어 갈 것이다(주요 과목 책에 관한 좀 더 상세한 정보는 5장을 참조). 그리고 아이들은 시험관 바닥에 쌓여 있는 물질에 대해서 곰곰이 생각해 보고 나름대로 추측을 해보는 시간을 갖는다.

다음날 아침 수업에서는 학생들끼리 토론을 한다. 그러면서 자기들이 어제 실험에서 물질의 세 가지 물리적인 상태를 관찰했다는 사실을 분명히 알게 될 것이다. 즉, 고체 상태의 밀랍(초), 액체 상태의 밀랍(심지 주변에 생긴 작은 웅덩이), 기체 상태의 밀랍(텅 빈 관으로 움직여 간 증기)을 보았던 것이다. 이러한 이해는 물리적인 변화가 화학적인 변화와 어떻게 다른지를 보여 줄 수 있는 아주 좋은 기회를 제공해 준다.

초에다 다시 불을 붙이고 다시 빈 유리관을, 이번에는 밝은 노란색으로 빛나는 위쪽의 불꽃 부분에다 끼워 넣는다. 이제 더 어둡고 거무스레한 가스가 유리관을 통해 움직여 가면서 시험관에 모인다. 이 시험관을 마개로 닫아 밀폐해서 얼음 속에 담가 둔다. 하지만 조금 뒤에 보면 이 가스 물질은 시험관에 쌓일 정도로 고체화되지 못한다. 학생들은 화학적인 변화를 목격했다.

학생들은 과학 실험에 관한 글을 쓰고 그림을 그려 넣으며 자신만의 주요 과목 책을 만든다.

이번에 시험관에 모아진 가스는 더 이상 밀랍의 증기가 아니다. 이제 그것은 이산화탄소가 되었다. 이처럼 이산화탄소를 만들어 내는 화학 반응은 초의 불꽃을 밝게 빛나게 하고 열을 내게 한다. 이렇게 해서 학생들은 화학적 변화의 본질을 이해할 수 있게 되었으며, 거꾸로 되돌릴 수 없는 그 본성을 알게 된다. 즉 이산화탄소는 다시 밀랍으로 변화시킬 수가 없다.

이제 학생들은 이런 평범하고 일상적인 현상들 뒤에 숨어 있는 법칙들을 알아 가기 시작하는 것이다. 이것은 참된 교육을 할 수 있는 기회가 생겨나게 한다. 이런 화학적 변화를 배우면서 학생들에게 그들의 삶 속에서 거꾸로 되돌릴 수 없는 것이 무엇인지를 묻는다면, 심각한 토론이 일어날지도 모른다. 이런 토론은 학교 밖에서 일어나는 아이들의 삶에 영향을 미칠 수 있는 함축된 의미를 가질 수 있다. 그것은 성 문제, 마약, 알코올 관련 수업을 합친 것이다.

학생들은 그런 것을 알지 못하지만, 진정성 있고 자발적인 토론을 가능하게 한다. 이런 방식으로 학생들은 특정한 행동의 결과들(성행위, 음주 운전, 마약) 역시 되돌릴 수 없다는 사실을 깨닫기 시작할 수 있다. 이런 토론을 한다고 해서 화학적인 변화 같은 과학적인 개념을 이해하는 일이 방해받지도 않을 것이다. 오히려 정서적인 연관을 맺으면서 과학을 이해하게 되면, 수많은 중요한 차원에서 다양한 배움이 일어날 것이다.

초등학교 커리큘럼

발도르프 학교의 커리큘럼은 유기적인 구조를 갖고 있다. 그래서 초등학교 시절 동안에 일어나는 발달상의 변화를 커리큘럼이 거울처럼 반영하게 된다. 선생님은 각각의 과목들을 아이들의 내면과 긴밀하게 관련이 있는 방식으로 가르친다. 또 아이의 변화하는 마음 구조를 반영하는 방식으로 가르친다. 그래야 자라고 있는 아이들의 욕구를 제대로 충족시켜 줄 수 있기 때문이다.

초등학교 1학년 아이들의 관심은 8학년이 된 10대 아이들의 관심과 뚜렷하게 다르다. 그렇기 때문에 모든 선생님들은 나이에 따라서 서로 달라지는 이 관심을 잘 이해하고 아이들의 수준에 맞게 가르칠 임무가 있다. 모든 학교에서 훌륭한 선생님들은 모두들 이런 시도를 하고 있다.

발도르프 커리큘럼이 이런 정신으로 고안되었기 때문에 선생님들은 어린 학생들의 마음에 보다 직접적으로 다가갈 수 있을 것이다. 그러면 아이들을 가르치는 데 있어 훨씬 순조로운 시작을 할 수 있다. 그래서 주요 과목들은 아이의 세계에서 일어난 의미심장한 변화들을 반영한다.

예를 들어, 4학년 때에는 지역에 관련된 지리를 배우게 되는데, 이 시기는 4학년이 된 10살짜리 아이들의 세계가 아주 친근하고 직접적인 주변 환경을 넘어서서 밖으로 확대되기 시작하는 시기이기 때문이다. 자기가 사는 지역을 지도로 그려 보는 일은 경계들을 가로질러서 아이의 관심이 확장되고 있음을 분명히 보여 줄 것이다.

비슷한 방식으로, 6학년 때 배우는 수학 커리큘럼은 12살짜리 아이의 돈, 구매, 할인, 판매 세금, 팁에 관한 평범한 관심을 거울처럼 반영할 것이다. 이 시기에는 또 퍼센트에 대한 공부와 비즈니스 수학에 대한 단순한 관심을 연관시키기도 한다.

7학년 아이들의 자기 신체에 대한 높은 관심은 건강과 위생에 관련된 과목을 통해 다루어진다. 그렇게 되면 갑자기 피부, 모발, 영양에 대한 공부가 즉각적으로 진행된다. 이 세상의 수많은 일들이 그러한 것처럼 여기에서도 적절한 타이밍이 모든 것을 결정한다.

8학년 학생들은 식민지 역사를 공부하게 된다. 13살과 14살 나이가 된 이 시기는 아이들이 내적으로 "독립 선언서"를 쓰는 나이이기 때문이다. 또 이 나이대의 학생들은 역사적인 결과에 아주 지대한 관심을 보인다. 캐나다 교육가인 키런 에건(Kieran Egan)은 자신의 책《가르침과 배움에서 필요한 상상력(Imagination in Teaching and Learning)》에서 이렇게 말하고 있다.

"세상은 저기 밖에 있는 대상이 아니다. 우리가 세상을 알 수 있는 한 우리 안에 있다. 호기심 가득한 상호 연관에 의해 상상력으로 자신을 세상 속에 확장시키는 방법에 의해 세상은 우리 안에 있다."[6]

이런 방식으로 교육을 이해하는 일은 발도르프 학교 커리큘럼에서 아주 중요하게 여겨지는 부분이다. 심지어 초등학교 교실에서 말로 들려주거나 아이들과 함께 읽는 이야기들에도 이런 이해가 반영된다.

커리큘럼에서 이야기의 역할

아이들은 이야기, 특히 말로 들려주는 이야기에 완전히 몰두한다. 이야기는 아이들의 상상력을 그 속에 묘사되는 심상으로 가득 채움으로써, 아이들을 외적으로는 조용하게 하고 내적으로는 활기를 띄게 만든다. 이야기는 아이들한테서 사려 깊은 반응을 이끌어 낸다.

이야기는 유기적 구조의 모범을 제공하고, 사건에 질서 있는 정보와 연속성을 제공한다. 그리하여 크게 애쓰지 않고도 배움이 일어날 가능성을 만들어 낼 수 있다. 당연히, 이야기는 선생님들이 자기 학생들을 보다 깊은 차원에서 접촉할 수 있게 해주기 때문에 보다 쉽게 가르칠 수 있게 해주는 특별한 가치를 갖고 있다.

전 세계의 모든 문화권에서 수 세기 동안 아이들은 이야기들을 들으면서 윤리적이고 도덕적인 문제들을 배워 왔다. 즉 도덕적인 특성을 교육시키는 데 이야기가 활용되어 왔다. 잘 알려진 문학계 인사인 도널드 머리(Donald Murray)는 자신의 책 《에세이, 이야기, 시로 삶을 정교하게 만들어 내기(Crafting a Life in Essay, Story, Poem)》에서

아이들은 말로 들려주는 이야기에 완전히 몰두한다. © Larry Canner

이 사실을 적절하게 말하고 있다.

"이야기는 사건들 속에서 전개되고 있는 패턴을 우리가 찾아보게 하고, 혼란 속에 숨어 있는 의미를 발견하도록 해서 우리의 경험에 질서를 부여해 준다. 또한 이야기는 이 질서, 패턴, 의미를 다른 사람과 함께 공유하게 해준다. 이야기를 통해서 우리는 기억하고, 이해하고, 가르치고, 즐거워하고, 축하한다. 인간의 모든 경험과 지적, 정서적, 영적인 반응의 범위는 이야기 안에서 펼쳐질 수 있다. 이야기들은 우리의 믿음들, 우리의 두려움들, 우리의 소망들, 세상이 운행되는 방식에 대한 우리의 지식을 품고 있으며, 그것을 다양하게 드러낸다."[7]

아이들의 영적이고 심리적인 건강과 행복에 관해서 아주 많은 관심을 기울여야 하는 시기에, 학교에서 이야기를 충분히 활용하지 않는 것은 불행한 일이다. 평범한 동화조차도 아이들에게 제공해 줄 수 있는 중요한 교훈들을 지니고 있기 때문이다. 어린아이들이 〈백설 공주와 일곱 난쟁이〉 같은 동화를 듣게 된다면, 질투심이 파괴적이라는 사실을 다시 일깨워 줄 필요조차 없을 것이다.

질투심은 사악한 여왕의 인격에 구현되어 있으며, 아이들은 처음부터 여왕을 싫어하고 나쁘게 생각하기 때문이다. 여왕이 과거에 겉모습은 아름다웠을지라도 지금은 속임수와 매정한 야망 때문에 혐오감을 불러일으킨다는 사실을 아이들은 잘 알고 있다. 반면에 난쟁이들은 모두 단순하고 믿음직하고 충성심이 강한 성격을 대변해 준다. 죽은 백설 공주를 위해서 난쟁이들이 쓸쓸하게 밤을 지새우는 모습은 아이들 사이에 대단한 감동을 불러일으킬 것이다. 마지막에 난쟁이들의 충성심이 보상을 받게 되면 아이들은 몹시 기뻐할 것이다.

간단한 전래 동화들 역시 아이들에게 제공해 줄 수 있는 것들을 많이 가지고 있다. 이 이야기들에는 영웅적이면서 영적인 힘을 가진 주인공들이 등장한다. 가령, 오디세우스(Odysseus)*, 페넬로페(Penelope)**, 라마(Rama)와 시타(Sita)***, 엘 시드(El Cid)**** 같은 주인공들이 그들이다. 이들은 현대 대중문화에서 추앙을 받고는 있지만 의문의 여지가 있는 팝스타, 스포츠 스타들, 슈퍼 영웅들의 출현에 균형을 맞추어 줄 것이다.

발도르프 학교에서는 각 학년마다 들려주는 주제가 있는 이야기들이 있다. 이 이야기들은 다양한 언어 예술 수업을 할 때 좋은 출발점이 된다. 아이들은 자기가 생각한 줄거리로 그 이야기를 글로 다시 쓰기도 하고, 촌극을 만들기 위해서 대사를 뽑아 내고, 연극

---

* 오디세우스: 그리스 고전 서사시인 호머의《오디세이아》에 나오는 주인공. 이타카의 왕이자 트로이전쟁에서는 그리스군의 대장으로 싸웠다. 트로이전쟁 후 다시 고향에 돌아갈 때까지 10여 년 동안 온갖 표류와 방랑과 모험을 겪는 이야기가《오디세이아》에 그려져 있다.

** 페넬로페: 그리스 전설에 나오는 오디세우스의 정숙한 아내. 남편이 없는 동안 많은 구혼자를 물리치면서 남편을 기다렸다고 한다.

*** 라마와 시타: 둘 다 힌두 신화에 나오는 신들이다. 라마는 남편이고 시타는 라마의 아내로 헌신적인 아내의 표상이다.

**** 엘 시드: 11세기에 지금은 스페인 지역인 카스티야 공국의 용감한 장군. 탁월한 의지를 지닌 정치 지도자이자 민족 영웅을 노래하고 있는《엘 시드의 노래》란 서사시의 주인공으로 유명해졌다.

작업을 하거나, 보고서를 써낸다. 또한 단어들을 하나씩 읽고 이해하고, 문법을 배우고, 심지어 이야기에 나온 단어들을 가지고서 받아쓰기를 할 수도 있다.

1학년 아이들한테는 주로 동화를 들려준다. 2학년 아이들은 우화들, 구전되는 동물 이야기들, 성자와 야수들에 관한 이야기들을 듣는다. 가령, 프란체스코 성인(St. Francis)*과 구비오(Gubbio)의 늑대** 이야기, 성 제롬(St. Jerome)***과 사자 이야기들을 듣게 되는데, 이런 이야기들 속에는 동물에 대한 자비로운 사랑이 잘 표현되어 있다. 3학년 때는《구약성서》에 나오는 이야기들을 듣는다. 4학년 때는 고대 스칸디나비아 신화들과 아메리카 원주민들의 이야기들을 듣는다. 5학년 아이들은 인도, 페르시아, 그리스 전설들과 신화들을 듣는데, 이제 학생들은 이야기에서 점차 역사로 관심을 이동해 간다. 그런 다음 6학년, 7학년, 8학년 때는 역사나 지리 수업과 관련된 인물들의 이야기들과 전기들을 듣거나 읽게 된다.

이야기는 여러 다양한 면들을 지닌 빛나는 보석과도 같다. 그 면 중 하나가 이야기로 듣게 되면 어떤 연령대든지 배운 것을 더 잘 기억할 수 있다는 점이다. 뉴욕시에 있는 공립 고등학교에 다닐 때

---

* 프란체스코(1182-1226): 이탈리아 아시시의 수도승. 프란체스코 수도회의 창시자. 철저하게 빈곤하고 간소한 생활을 몸소 실천했으며, 동물들과 자연을 깊이 사랑했던 것으로 유명하다.

** 구비오의 늑대: 아이들을 죽여서 구비오 마을 사람들이 두려워했던 사악한 늑대를 프란체스코 성인이 훈계하여 교화시켰다는 전설이 전해진다.

*** 제롬(340?-420): 가톨릭의 수도자이자 학자. 최초의 라틴어 번역 성서를 완성했다. 사자의 발에 박힌 큰 가시를 빼주어서 그 후 사자가 항상 곁에서 그를 지켜 주었다는 전설이 전해진다.

나는 한 수학 선생님을 만났다. 그는 고등학교 2학년 학생 25명에게 기하학을 가르쳐야 하는 임무를 맡고 있었는데, 결코 부러워할 만한 일은 아니었다.

말할 필요도 없이 선생님은 우리의 관심을 끌기 위해서 열심히 노력해야 했다. 그 선생님은 이야기들을 사용함으로써 우리의 관심을 이끌어 내는 데 성공했다. 어느 따스하고 햇살이 환한 봄날 오후에, 선생님은 아메리카 원주민 부족의 공주인 소호카토아(Sohcahtoa)에 대한 이야기를 우리에게 들려주었다. 그러면서 주 장학관들이 내는 시험에 우리가 대비하게 한 것이다.

처음에 우리들 대부분은 딴생각을 하고 있었지만, 선생님이 이 사랑스런 공주 이야기를 꺼내서 부족 중 어느 용감한 젊은이에 대한 그녀의 로맨틱한 사랑 이야기를 들려주기 시작하자, 우리는 그 이야기에 매료되었다. 우리의 주의를 이끌어 냈다고 확신한 선생님은 이야기를 마치면서 그녀의 이름인 소호(Soh)-카(Cah)-토아(Toa)를 잘 기억하라고 말했다.

왜냐하면 그녀의 이름을 잘 기억하고 있으면, 수학에서의

$$\text{사인(}\mathbf{S}\text{ine)} = \frac{\text{서로 마주보는 변(}\mathbf{O}\text{pposite)}}{\text{직각 삼각형의 빗변(}\mathbf{H}\text{ypotenuse)}}$$

$$\text{코사인(}\mathbf{C}\text{osine)} = \frac{\text{인접한 변(}\mathbf{A}\text{djacent)}}{\text{직각 삼각형의 빗변(}\mathbf{H}\text{ypotenuse)}}$$

$$\text{탄젠트(}\mathbf{T}\text{angent)} = \frac{\text{서로 마주보는 변(}\mathbf{O}\text{pposite)}}{\text{인접한 변(}\mathbf{A}\text{djacent)}}$$

의 개념을 우리가 금방 떠올릴 수 있을 것이기 때문이다. 아주

교묘하게 수학적인 배움으로 이끌려 들어갔다는 것을 깨달은 우리는 당연히 투덜거렸다. 하지만 35년이 지났는데도 나는 여전히 그 수업을 잊지 않고 있다.

그 선생님은 수준 높은 수학을 가르칠 때도 이야기들을 통해서 효과적으로 가르칠 수 있다는 사실을 알고 있었던 것이다. 발도르프 교실에서 배우는 기본적인 수학 개념들도 흔히 이와 비슷한 방식으로 소개된다. 초등학교 1학년 때와 2학년 때는 더하기, 빼기, 곱하기, 나누기라는 4개의 연산 과정과 다른 핵심 개념들이 이야기들을 통해서 소개되는 일이 아주 흔하다.

어느 날 왕은 신하들 중의 한 명인 나눗셈 백작의 도움이 필요했어요. 나눗셈은 그 왕국에서 일을 공평하게 분배하는 법을 이해하고 있는 유일한 사람이었기 때문이에요. 만약 12개의 루비가 있어서, 왕국을 방문한 3명의 고위 인사들에게 나눠 주어야 한다면, 나눗셈 백작은 한 사람에게 4개씩 나누어 주어야 한다는 것을 알고 있었어요. 만약 18개의 에메랄드가 있어서 3명의 공주에게 나누어 주어야 한다면, 나눗셈 백작은 각각의 공주들이 에메랄드를 6개씩 가질 수 있다는 것을 알고 있었어요.

어느 날 왕은 다른 나라에서 온 방문객들을 기다리면서, 그들 각자에게 선물을 주려고 생각하고 있었어요. 왕한테는 24개의 사파이어가 있었고, 손님은 8명이 올 예정이었어요. 하지만 왕은 각각의 손님한테 몇 개씩의 사파이어를 주어야 하는지를 잘 몰랐어요. 그는 나눗셈 백작을 불렀지만, 어디에서도 백작을 찾을 수가 없었어요. 왕은 백작을 급히 찾아내라고 백작이 사는 마을에 심부름꾼들을 보냈지만, 운이 없게도 못 찾았어요.

할 수 없이 왕은 직접 나서서 나눗셈 백작의 집에 가보았어요. 하지만 아뿔싸, 집에는 아무도 없었어요. 한참 후에서야 마침내 왕이 나눗셈 백작을 찾아냈을 때는 정말로 어찌해야 할지를 몰라서 몹시 당황한 상태였어요. "어디를 다녀왔는가?" 왕이 물었어요. 나눗셈 백작은 광산에서 일을 하고 있었다고 말했어요. 왕이 물었어요. "그런데, 그대가 근처에 없을 때면, 내가 어찌해야 한단 말인가?"

나눗셈 백작이 말했어요. "오, 아주 쉬운 일입니다. 그냥 제가 사는 나눗셈 집에 가셔서, 임금님의 보석 주머니를 그 집 안에다 넣어 두시면 됩니다. 그것들은 안전할 것입니다. 그런 다음에 문에다가 얼마나 많은 손님들이 왔는지를 알려 주는 쪽지를 하나 남겨 두십시오. 그러면 제가 우리 집

지붕 위에다가 해답을 걸어 놓겠습니다. 그러면 임금님은 성에서도 그것을 볼 수 있을 것입니다."

나중에 학년이 올라가게 되면, 이와 비슷한 방식으로 중요한 개념들과 연산 과정들이 소개될 수 있다. 분수, 소수, 비율, 대수학 등이 그것들이다.

과학 공부도 역시 이야기들을 통해서 학생들의 집중도를 높일 수 있다. 특히 지리 수업은 이야기를 들려주면서 하게 되면 금방 활기를 띨 수 있다. 선생님이 멕시코에 있는 분석구(噴石丘) 화산인 파리쿠틴(Paricutin)의 탄생 이야기를 들려주게 되면, 아이들은 자연세계를 매혹적으로 경험할 수 있을 것이다. 또 멕시코 유카탄 반도에 있는 지하 호수들과 지하 강들을 실제로 탐험한 사람의 이야기를 묘사해 주게 되면, 학생들은 우리가 살고 있는 지구의 신비로운 면들을 올바로 이해할 수 있을 것이다. 뿐만 아니라 화성암의 형성과 석회석의 용해 사이에 뚜렷이 구분되는 대조도 이해할 수 있을 것이다.

이런 식으로 이야기들이 커리큘럼에 통합될 수 있다면, 과목과 상관없이 효과적으로 활용될 수 있을 것이다. 그러므로 이야기들은 단지 기분 전환용 오락거리로만 활용되는 것은 아니다. 오히려 이야기는 아이들이 배워 가는 방식에 완벽하게 걸맞은 것으로 검증된 방법이기 때문에 발도르프 학교에서 중요한 가르침의 방식으로 활용된다.

치유의 효과가 있는 이야기들

때는 1월이었다. 내가 1학년 때부터 가르쳐 오고 있는 8학년 학생들은 발도르프 초등학교에서 마지막 학년을 보내고 있는 중이었다. 반에서 불화가 하나 일어난 것을 제외하고는, 기대감과 행복한 시간이었을 것이다. 한 여자아이들 그룹이 반의 다른 여자아이들한테 화가 나 있었다. 그리고 긴장감과 나쁜 감정들이 팽배해 있었다.

그동안 항상 친구였던 이 여자아이들은 지금은 점심도 따로 먹고, 반에서도 따로 앉아서 수업을 듣고 있었다. 그리고 쉬는 시간이나 화장실에 갈 때도 따로 자기들 그룹끼리만 나갔다. 이런 분위기는 대단히 불편한 상황이었다. 특히 우리 반처럼 "가족과 같은" 분위기에서는 더욱 불편했으며, 상황은 점점 더 나빠지는 것처럼 보였다.

나는 어찌할 바를 모르고 있었다. 그래서 나는 나보다 경험이 많은 동료 선생님한테 가서 그런 상황에서 어떻게 했느냐고 물어보았다. 그 선생님은 나에게 이야기를 하나 찾아보라고 말해 주었다. 커리큘럼 바깥에 있는 어떤 이야기이면서 우리 반의 상황과 비슷한 이야기를 찾아보라고 조언해 주었다. 그가 말하길, 문제가 있는 상황에서 자기는 학생들한테 그저 어떤 이야기를 들려주었다고 했다. 그런 다음에 아이들 스스로가 그 이야기 속의 사건과 현실에서 자기들이 겪고 있는 상황 사이의 관계를 찾아낼 수 있는지를 지켜보았다고 했다.

그 시기에 나는 세계 지리를 가르치고 있었다. 그래서 어느 날 그날의 신문을 읽어 주고 난 뒤에 중동 지역으로 우리의 관심을 돌리기로 결정했다. 그 전날 이른 아침에 복수심이 강한 이스라엘이 레바논에 있는 팔레스타인 난민 캠프 지역에 폭탄을 투하했기 때문이다. 그 때문에 일곱 명이 사망했는데 그 중 두 명은 아이들이었다. 그래서 나는 학생들에게 그 사건을 이야기로 들려주었다. 즉 아침에 깨어났을 때부터 밤에 잠들 때까지 비행기 소리와 폭탄이 터지는 소리를 들으면서 살아가고 있는 팔레스타인 난민 아이의 관점에서 이야기를 들려주었던 것이다. 내 이야기를 통해서 우리 반 학생들이 팔레스타인 아이들의 혼란과 공포를 떠올려 보도록 하기 위해서였다.

내가 이야기를 다 끝마쳤을 때, 갈등을 빚던 우리 반 여자아이들은 그들의 크나큰 고통에 분명히 큰 충격을 받은 것 같았다. 그리고 그 아이들 중의 한 명이 이렇게 말했다.

"왜 그들은 그냥 잘 지낼 수 없는 걸까요? 왜 그들은 늘 그렇게 싸워야만 할까요?"

나는 재빠르게 아이의 질문을 약간 변형시켜서 되물었다. "그러니까 서로 가까이에서 살고 있는 사람들끼리 왜 적대감 없이 살아갈 수 없느냐고 묻는 것이지?"

"네, 그들은 왜 그럴 수 없을까요?" 아이가 대답했다.

그 순간 그 여자아이와 다른 여자아이들은 중동 지역의 상황과 자기들의 상황 사이에 유사한 점이 있다는 사실을 알아차렸다. 그러자 교실의 분위기가 극적으로 변하기 시작했다. 나는 더 이상 다른 이야기를 해줄 필요조차 없었다. 그 뒤 얼마 지나지 않아서 아이들은 서로 화해를 했으며 다시 친구가 되었다.

다른 사람들과 함께 사는 법을 배우는 일은 분명히 발도르프 학교에서 중심이 되는 배움이다. 수년 동안 아이들은 함께 지낸다. 선생님들은 아이들이 서로 개인적인 차이들이 있다는 것을 잘 이해하도록 이끌어 주면서 관계를 풀어 나가도록 돕는다.

이 일은 아이들에게 중요하고 도전이 되는 공부이며, 나중에 인간관계를 맺는 데에도 도움이 될 수 있는 공부다. 이런 노력을 할 때 이야기들이 대단히 귀중한 도움을 제공해 줄 것이다. 왜냐하면 이야기들은 아이들이 내면에서부터 온전히 배울 수 있는 가능성을 열어주기 때문이다.

커리큘럼에서 음악의 역할

발도르프 선생님들은 배움이 풍요롭고 보람 있는 경험이 되도록 하기 위해서 음악을 포함한 다양한 훈육 방법들을 짜나간다. 통합적인 커리큘럼이라고 알려져 있는 이러한 가르침의 방식은 과학을 가르치는 데 예술을 사용하고, 수학을 가르치는 데 작문을 사용하고, 역사와 지리를 가르치는 데 이야기들과 문학을 사용하는 방법을 뜻한다.

이 책의 들어가는 말에서 언급되었던 데보라 마이어 교장은 맥아더 재단의 교육 부분 '탁월한 인물상'을 수상한 분이다. 수상 이유는 그녀가 뉴욕시의 이스트 할렘 학군에서 학교 프로그램에 놀라운 혁신을 이루어 냈기 때문이다. 그러한 혁신들 중의 하나는 통합적인 커리큘럼을 계발한 것이다.

베티 스미스(Betty Smith)가 쓴《한 그루 나무가 브루클린에서 자라네(A tree Grows in Brooklyn)》에서 인용한 다음 글은 상상력이 풍부하고 예술적인 가르침이 어떤 식으로 아이의 학교 경험에 활기를 불어넣어 주는지를 잘 보여 준다. 비록 이 이야기가 80여 년 전에 일어났던 상황이긴 하지만, 음악이 학교에서 얼마나 가치가 있는지는 오늘날과 똑같다고 할 수 있다.

"학교생활이 모두 구제할 길 없이 단조롭고 불쾌한 곳만은 아니었다. 매주마다 30분 동안 눈부실 정도로 아름다운 순간들이 있었다. 그 시간은 모턴(Morton) 선생님이 음악을 가르치기 위해서 교실로 들어올 때였다… 선생님은 칠판에 음표를 그리셨다. 그는 음표들에다 작은 다리를 그려 넣어서 음표들이 마치 음계 밖으로 달아나고 있는 것처럼 보이게 만들었다. 선생님은 반음 내리는 음계는 험프티 덤프티(humpty-dumpty)*처럼 그리고, 반음 올리는 음계는 코를 닮은 가느다란 비트 뿌리가 점점 멀어져 가는 것처럼 보이게 그렸다. 음계들을 그리는 동안에 선생님은 새가 노래를 부르듯이 너무나 자연스럽고 흥겹게 노래를 불러 주었다.

선생님은 음악이 멋진 것임을 말로 알리지 않고 우리들에게 멋진 음악을 가르쳤다. 그는 위대한 고전음악들을 '자장가', '세레나데', '야외에서 부르는 곡', '햇살 환한 날 부르는 곡'처럼 자기 식으로 간단한 이름을 붙여서 알려 주었다. 아직 어린아이 목소리였던 우리 학생들은 '헨델의 라르고(Largo)'를 새된 목소리로 부르곤 했는데, 이 곡이 '성가'에 속한다는 사실을 알고 있었다. 어린 남자아이들은 구슬치기를 하면서 드보르자크의 〈신세계 협주곡〉의 일부

---

* 험프티 덤프티: 루이스 캐럴의 동화《거울 나라의 앨리스》에 등장하는 달걀 캐릭터의 이름. 높은 담벼락에 앉아 있는 그는 자만심과 권위 의식에 사로잡혀 있는 구제 불능의 고집불통을 나타낸다.

를 휘파람으로 불러 대곤 했다. 그 곡의 이름이 뭐냐는 질문을 받으면, 아이들은 "아, '귀향'이에요"라고 대답했다. 아이들은 포스터가 작곡한 〈병사들의 합창〉을 아이 목소리로 흥얼거렸고, 이것을 '은총의 노래'라고 불렀다."[8]

교육에서 음악이 하는 매우 중요한 역할은 또한 영화에서도 반복해서 강조되고 있는 부분이다. 〈페임(Fame)〉*, 〈홀랜드 오퍼스(Mr. Holland's Opus)〉** 같은 영화들과 메릴 스트리프가 주연했던 〈뮤직 오브 하트(Music of the Heart)〉***의 이야기 같은 영화들은 음악과 관련해서 우리의 주의를 끄는 영화들이다. 이 영화들은 다른 과목이 할 수 없는 방식으로 음악이 아이들의 학교 경험을 풍요롭게 해준다는 사실을 보여 주고 있기 때문이다.

음악은 학교생활에 누룩과 같은 역할을 하면서 가르침에 밝고 쾌활한 기운과 가벼움을 선사해 준다. 또한 음악의 가치는 수업에 활기를 띠게 하는 것 이상의 역할을 한다. 캘리포니아 대학교의 심리학 교수인 노먼 와인버거(Norman Weinberger)는 〈교육적인 리더십(Educational Leadership)〉이란 잡지에서 이렇게 말하고 있다. "음악은 언어 습득, 능숙한 읽기, 일반적인 지적 발달을 촉진하는 능력이 있다. 또한 긍정적인 태도를 장려하고, 중학교와 고등학교에서 일어

---

* 〈페임〉: 노래, 춤, 연기 등 예술 분야에서 최고의 명성을 자랑하는 뉴욕의 예술 학교를 배경으로 한 아티스트를 꿈꾸는 학생들의 이야기.

** 〈홀랜드 오퍼스〉: 위대한 작곡가를 꿈꾸는 음악 교사가 한 고등학교의 교향악단을 맡으면서 벌어지는 음악을 통한 사제 간의 이야기.

*** 〈뮤직 오브 하트〉: 실화를 바탕으로 한 젊은 음악 교사의 교육애를 담았다.

나는 아이들의 꾀부림을 낮춰 줄 것이다. 그리고 창조성을 강화시켜 주고, 사회성의 발달, 인성, 적응력을 높여 주어서 자신의 가치를 알아보도록 장려할 것이다." 즉 음악은 학생들이 다양하고 폭넓은 범위의 가능성들에 참여하도록 해준다. 와인버거는 계속해서 이렇게 말하고 있다. "음악을 배우고 노래를 부르거나 연주를 하는 일은 실제로 두뇌에 좋은 훈련이 된다. 특정한 기술을 발달시킬 뿐만 아니라 두뇌 세포의 연결을 강화시켜 주기 때문이다. 음악을 하는 사람의 두뇌를 스캔한 결과를 보면, 음악가가 연주를 하는 동안 대뇌 피질 전체가 실질적으로 활성화된다는 사실을 보여 준다."[9]

음악은 발도르프 학교에서 가르치고 있는 많은 과목들 중의 하나인데, 아이들의 서로 다른 경향들에 효과적으로 결합되어서 수업이 특별히 예술적이거나 논리적이 되도록 해준다. 또 음악은 예술과 논리의 결합을 쉽게 해주어서 보다 높은 질서의 사고를 하도록 이끌어 준다.

초등학교 시기에 발도르프 학생들은 서로 다른 두 유형의 선생님들로부터 음악을 배운다. 전체 학생들을 일주일에 한 번이나 두 번 정도 가르치는 음악 담당 선생님이 있다. 이때는 노래 수업과 악기 배우는 수업이 있으며, 또 합창과 오케스트라 연습을 한다. 음악 담당 선생님은 아이들에게 음악 이론을 소개하고, 음악을 가르치면서 아이들과 노래를 부른다. 그리고 각각의 학생들이 바이올린, 비올라, 첼로 같은 현악기 중에서 하나의 악기를 기초적인 수준에서 배우고 있는지를 살펴본다.

그에 더해서, 반의 담임 선생님은 다른 과목들과 음악 과목을 함께 통합해서 가르치는 책임을 맡고 있다. 이런 음악 수업은 초등학교 1학년 때 리코더를 연주하면서 시작한다. 하지만 창의적인 선생님은 모든 커리큘럼 영역에 음악을 함께 엮어서 수업할 것이다. 심지어 산수 공부를 하는 데도 음악을 함께 결합할 수 있다.

나는 아이들이 시간이 걸리는 나눗셈을 하는 동안 산수 노래(구구단 노래 같은 것)를 부르는 것을 듣곤 한다. 그렇게 하면 아이들은 나눗셈의 각 단계들을 잘 기억할 수 있기 때문이다. 지리 수업에서는 각 지역의 노래들을 불러 보는 식으로 일종의 음악 여행을 하면서 수업을 하면 훨씬 활기차게 진행될 것이다. 가령, 캘리포니아 지역에서 사람들이 부르는 노래부터 시작해서 오클라호마 지역으로 갈 수도 있고, 뉴욕에서부터 시작해서 이리 커낼(Erie Canal)이 부른 노래로 갔다가, 우디 거스리(Woodie Guthrie)의 "이 나라는 너의 나라(This Land is Your Land)"나 "아름다운 나라 미국(America the Beautiful)" 같은 노래를 부르면서 끝낼 수 있을 것이다.

과학 수업도 음악을 함께 도입하면 즐겁게 할 수 있다. 6학년 학생들은 크기가 다양한 병에다 제각각 물을 채워 넣고 두드려서 서로 다른 음을 내보는 실험을 해보고, 그런 다음 실제로 그 병들을 악기로 이용해서 노래를 연주해 볼 수 있다. 그러면서 서로 다르게 들리는 음향과 소리의 차이를 보다 잘 이해할 수 있게 된다. 그리고 많은 8학년생들은 골격을 공부하는 해부학 수업을 할 때, 찬송가를 개작해서 만든 "뼈들을 표시하자, 뼈들을 보여 주자(Dem Bones, Dem Bones)"라는 노래를 부르기도 한다.

음악 수업이 역사 수업과 결합할 때는 음악이 얼마나 유익한지가 훨씬 두드러지게 나타난다. 학생들은 미국의 시민권 운동이나 남아프리카의 인종차별 반대 운동에 대해 공부하면서 "우리 승리하리라(We Shall Overcome)", "시야함바(Siyahamba, '우리는 행진 중이다'의 뜻을 지닌 줄루족의 언어)" 같은 노래를 부를 수 있다. 그러면 인권을 얻기 위해서 거리 행진을 벌였던 사람들을 격려해 주었던 열정과 헌신의 마음을 경험하게 된다. 또 학생들이 그런 노래들을 실제로 부르게 되면 인간 역사에서 중요했던 시기의 일원이 된다는 것이 무엇인지를 느낄 수 있게 된다. 음악은 또한 가르치는 과정을 더욱 생기 있게 해줄 것이다.

그렇다고 발도르프 교육이 단지 예술만을 가르친다는 뜻은 아니다. 오히려 발도르프 교육은 모든 과목을 예술적이고 창조적으로 가르치려고 한다고 말할 수 있다. 교육을 하나의 예술로써 바라보고 가르치는 일은 모든 발도르프 선생님들의 목표이기 때문이다. 이것이 결코 쉬운 임무는 아니지만, 가장 보람이 큰 일이 될 수 있다. 그렇게 하기 위해서는 발도르프 선생님들뿐만 아니라 학생들도 내적으로 활기가 있어야 한다. 반을 맡아서 가르치는 선생님을 궁극적으로 성공하게 해주는 것은 이런 내적인 활기다.

발도르프 담임 선생님

학교가 시작하는 첫날, 강당은 사람들로 가득하다. 이제 한 반이 된 초등학교 1학년생들이 강당으로 들어오고 있는데, 아이들은 각각 꽃을 한 송이씩 들고 있다. 아이들이 자리를 잡으면, 새로 반을 맡아서 가르치는 선생님이 학생들의 이름을 부른다. 이런 식으로 이 새로운 반이 전체 학교에 소개가 된다. 자기 이름이 불린 1학년 학생은 일어나서 강당 앞으로 나온다. 그리고 손에 든 꽃을 선생님에게 건네준다. 장미, 데이지, 백합, 국화, 루핀꽃 등이 단상에 마련된 꽃병에 가득 차서 한 아름의 꽃다발을 만든다. 이것은 한 반을 형성하게 되는 모습에 대한 은유를 제공한다. 이것이 시작이다. 이 아이들과 선생님은 앞으로 이어지는 초등학교 8년 동안을 함께 공부할 것이다.

발도르프 학교들에서 "반을 책임지는 담임 선생님"은 1학년 때부터 8학년 때까지 그 반을 가르칠 것이다. 선생님은 그 반의 아이들을 주로 가르치는 선생님으로서 아이들에 대한 아주 포괄적이고 집중적인 책임을 받아들인다. 오랜 시간에 걸쳐서 학생들과 선생님 사이에 강한 정서적인 유대가 계속 맺어지게 된다면, 배움이 훨씬 잘 이루어질 것이다. 이런 정서적인 연결을 가능한 크게 하기 위해서 발도르프 학교는 초등학교 전체 기간 동안 한 분의 선생님과 특정 그룹의 아이들이 함께 지내게 하는 것이다.

몇 년 동안이나 한 선생님이 같은 아이들과 함께 지내는 것은 발도르프 학교를 구성하는 핵심적인 방법이다. 이 방법이 새로운 것은 아니다. 또 미국, 캐나다, 스칸디나비아 나라들, 중국, 대만, 일본 등에서 현재 활용되고 있다. 이런 관행을 "순환하기(cycling)", "선생님과 학생이 함께 나아가기(teacher-student progression)"라고 부르

학교가 시작하는 첫날 1학년 아이들은 꽃 한 송이를 선생님에게 건네준다. © Jerilyn Ray-Shelley

고 있으며, 아주 흔히는 "고리를 이루어 움직이기(looping)"라고 부르는데, 여러 학교들이 이 방법을 적용하면서 새로이 부흥을 경험하고 있는 중이다.

대부분의 경우에 선생님들은 같은 아이들과 2년 동안 "고리를 이루어 움직이는" 데 비해서, 몬테소리 학교들에서는 선생님들이 자기 아이들과 3년 동안 함께 지낸다. "고리를 이루어 움직이기(looping)"란 용어는 뉴햄프셔의 교육가인 짐 그랜트(Jim Grant)가 한 말인데, 그는 10년 전에 이 용어를 처음 만들었다. "고리 모양으로 움직이는 것이 미국 전역에서 들불처럼 번져가고 있다. 불현듯 선생님들은 좀 더 긴 시간 동안 이루어지는 관계가 가장 잘 보존된 교육의 비밀이란 사실을 깨달아가고 있는 것이다."[10]

발도르프 학교는 '고리를 이루어 움직이기'라는 개념을 초등학교 8년 동안 전적으로 활용하고 있다. 반을 책임지는 담임 선생님은 초등학교 1학년 때부터 앞으로 이어질 8년간의 임무를 시작한다. 그러므로 담임 선생님은 아이들이 어떤 초등학교 경험을 하게 될지에 대해서 중요한 역할을 하게 된다.

선생님은 자기 반 아이들에게 알파벳 글자들을 가르치고, 읽기로 나아갈 수 있는 토대를 마련해 준다. 앞으로 몇 달, 몇 년 동안 선생님은 자기 반 학생들에게 필기체와 구두점 찍는 법을 소개한다. 마침내 선생님은 그 아이들이 첫 번째 작문을 하도록 도울 것이다. 그리고 말하기의 주요 부분들을 가르치고, 설명하는 글쓰기, 편지글 쓰기, 창조적인 글쓰기, 시 쓰기, 문학 비평적으로 분석하는 글쓰기 등을 가르치게 될 것이다.

초등학교 1학년을 시작하면서 담임 선생님은 또한 아이들에게 산수를 가르친다. 아이들에게 숫자들을 보여 주고, '하나, 둘, 셋, 넷' 하면서 숫자 세는 법을 가르친다. 선생님은 더하기, 빼기, 곱하기, 나누기를 하는 네 가지 과정을 보여 주고, 아이들이 시간표와 전화번호처럼 숫자로 된 것들을 기억하도록 도울 것이다.

그 다음 해에는 모든 숫자들을 세분화해서 배울 것이고, 분수들이 소수로 변하는 것을 배울 것이다. 그리고 소수는 비율이 된다는 것도 배운다. 마침내 대수학적 용어들, 등식, 공식이 사용되면서 숫자들은 이제 글자들과 함께 사용될 것이다. 8학년 끝 무렵에는, 이와 비슷하게 포괄적으로 연구하고 조사하는 공부가 역사, 지리, 과학 과목에서도 행해질 것이다.

이러한 접근 방식에는 교육적인 장점들이 무수하게 많다. 우선, 이 방법은 시간을 가장 경제적으로 활용하는 방식이다. 고리를 이루어서 함께 가는 선생님들은 학년의 처음 한두 달을 새로운 학생들을 알아 가느라고 애쓰면서 시간을 허비하지 않을 것이다. 학생들도 처음 몇 주 간을 새로운 선생님의 기대에 적응하느라 애쓸 필요가 없고, 선생님이 자기들한테 기대하는 한계가 어디까지인지를 시험해 보면서 시간을 낭비하지 않을 것이다.

학습의 관점에서 보더라도, 전년도에 이어서 계속 가르치는 선생님은 이미 학생들 개개인의 공부 스타일과 진전 상황을 알고 있을 것이다. 천천히 배우고 많은 연습이 필요한 아이가 누구인지, 또 재빨리 배우고 더 큰 도전 거리들이 필요한 아이가 누구인지를 알고 있다는 뜻이다. 그에 더해서, 선생님은 학생들의 기본적인 장점들과 부족한 부분들을 잘 알고 있을 것이다. 뿐만 아니라 이전 학년에서 가르쳤던 것들을 학생들이 받아들일 수 있는 한계가 어디까지인지도 잘 알고 있을 것이다.

이런 접근 방식이 지니고 있는 유익한 점들은 다른 영역들에서도 일어난다. 지난 40여 년이 지나는 동안에 가족, 확대가족, 지역사회는 극적으로 변하고 있는 중이다. 이웃이나 가정이 더 이상 제공해 주지 못하고 있는 돌봄과 지속성을 아이들에게 제공하는 일에 학교가 나서야 한다는 사실이 이제는 아주 중요해졌다.

같은 아이들을 그 다음 해에도 계속 가르치는 선생님들은, 학생과 선생님 사이의 관계가 계속 자라나도록 신뢰를 구축할 것이다. 동시에 이 선생님들은 보다 통찰력 있는 안목을 계발해서 학생들이 눈에 띄게 고통스러워하기 전에 문제를 알아차릴 것이다. 선생님들을 위해서도 이 방법이 이롭다는 점은 똑같이 중요하다. 선생님들은 매년 새로운 커리큘럼을 익히기 위해 노력하므로 활력이 안주하려는 것을 대신한다.[11]

이런 유형의 교육 방법은 선생님 한 분에 대해서 아주 많은 것들을 묻게 된다. 고리를 이루어서 함께 가는 일과 관련해서 흔히 묻는 질문은 "만일 우리 아이가 선생님을 잘못 만나게 되면 어떡하나요?"다. 이런 질문이 함축하고 있는 바는, 어떤 학생이 담임 선생님과 문제가 있다면, 그 선생님과 계속해서 공부하기 때문에 학년이 올라가면서 문제가 기하급수적으로 커질 것이 아니냐는 뜻이다. 하지만 사실은 그렇지 않다. 고리를 이루어서 함께 멀리 나아갈수록, 한 분의 선생님한테서 가장 좋은 자질을 이끌어 내는 일이 아주 흔히 일어나기 때문이다.

독특한 위치에서 책임을 맡은 선생님들은 오랜 기간에 걸쳐서 자기 입장을 분명하게 표명하고, 자기 임무에 전념하게 한다. 또 매년 새로운 커리큘럼을 가르쳐야 하는 도전을 받아들이게 된다. 그리고 아이의 행복을 위해서 학부모와 함께 포괄적인 책임을 받아들이면서 협력하게 된다. 사실 이 일은 어마어마한 헌신을 불러일으키는 일이다. 동시에 8년이라는 기간 내내 아이들을 가르친다는 임무는 이처럼 어렵고 도전이 되는 일을 추구하는 선생님들을 끌어들이기 마련이다.

〈시카고 선타임스〉 기사에서 로절린드 로시(Rosalind Rossi)는 "친근한 선생님들"이란 제목으로 이런 글을 썼다. "미국의 공립학교들에서 고리를 이루어 나아가는 일은 선생님들이 먼저 발의를 해서 이루어진 것이다. 전문가들은 말하길, 가장 혁신적인 선생님들이 학생들과 고리를 이루어서 나아가겠다고 스스로 요청한다고 말한다."[12]

과학, 경영, 법률, 예술 같은 지적인 전문 직업을 가진 성공적인 사람들이 더 높은 임금을 받는 곳을 떠나서 선생님이 되는 일을 보는 게 그리 특별한 일은 아니다. 그들은 아이들의 삶을 더 낫게 변화시킬 수 있는 기회를 갖는 일에 흥분하는 사람들이다. 이런 기회들은 선생님이라는 직업의 품위를 높여 주고 고상한 것으로 만들어 줄 것이다. 이렇게 학교에 우수한 자질을 지닌 선생님들이 모여들게 되면, 선생님이라는 직업의 품위는 더욱 높아질 것이다.

그런데 아이들에게 언제나 특별한 기회를 제공해 주는 상황을 만들려고 한다면, 아주 많은 것들을 질문해야 할 것이다. 당연히 다음과 같은 질문이 생겨날 것이다. 아이들의 행복을 지켜 주기 위해서 선생님은 무엇을 해야만 할까? 고리를 이루기에 적절한 때는 언제일가? 이 질문들에 대한 답은 분명히 선생님한테 달려 있다.

학생들에게 작용하고 있는 세 가지 차원의 패러다임, 즉 생각, 감정, 의지가 선생님들에게도 똑같은 방식으로 작용하기 때문이다. 선생님들 역시 자기 수업에 활기차게 참여할 필요가 있으며, 학생들과 공부할 소재들을 사려 깊게 인식하고 있어야 한다. 또한 무엇보다도 자신이 가르치고 있는 그 일에 정서적으로 몰두할 수 있어야 한다. 간단히 말해서, 선생님들은 아이들을 가르치는 일에 최선을 다할 필요가 있다는 뜻이다. 그리고 그 반에서 얼마나 많은 시간을 보냈는가와 상관없이 자기의 일에 대해서 언제라도 배울 준비가 되어 있어야 한다.

따스함에서 시작해서 쌀쌀함으로 가는 여정

하루의 수업이 이제 막 끝났다. 1학년을 가르치고 있는 선생님은 책상들의 바다 한가운데 서 있다. 가장 특징적인 방식으로 초등학교 1학년생들의 책상은 그날이 지나가는 동안에 아주 조금씩 앞쪽으로 밀려 나온 상태다. 이런 식으로 책걸상들이 움직이는 것은 학생들의 감정을 반영해 준다.

초등학교 1학년생들은 선생님과 가능한 가까운 거리에 있고 싶어 한다. 점심시간에 아이들은 선생님과 함께 앉을 기회를 얻으려고 서로 경쟁을 할 것이다. 점심이 끝난 뒤 쉬는 시간에 밖에 나갈 때도 아이들은 자기 선생님 주위에 떼를 지어 모여 있다. 선생님의 손을 잡기도 하고, 선생님이 하는 모든 말을 귀담아 듣는다. 이런 식의 깊은 따스함, 애정, 공감에서 벗어나 있는 초등학교 1학년 아이들은 아마도 뭔가가 부족한 상황이라고 할 수 있다.

발도르프 학교에서, 1학년생들이 지닌 따스함과 인정 어린 본성은 1학년을 가르치고 있는 선생님의 부드럽고 보살피는 태도에도 그대로 반영된다. 또한 1학년생들의 교실을 이루는 색에도 반영이 되어서 보통 그 교실은 분홍색과 빨간색이 따스하게 어우러진 분위기일 것이다. 아이들이 자라서 학년이 올라가게 되면 교실을 옮기게 된다. 다음 학년의 교실은 불그스름한 분홍색에서부터 파스텔 색조의 주황색까지의 분위기였다가, 그 다음에는 노랑과 녹색으로 색상의 범위가 진행된다. 그러다가 마침내 후반기 학년에는 푸른색과 보라색을 활용하는 분위기로 꾸며진다.

만약 초등학교 1학년 아이들로 구성된 이 그룹이 6년 혹은 7년이 지난 후에 "청색 시기"를 맞게 되는 것을 지켜본다면, 처음과는 아주 다른 장면들이 연출되는 것을 알 수 있을 것이다. 이제 학생들은 눈에 띄게 거리를 둔 채 교실 뒤쪽에 모여 있을 것이다. 이 청소년기 학생들에게 자리에 앉으라고 하면, 그들은 뒷줄에 있는 책상 쪽으로 갈 것이다. 변함없이 뒤쪽 자리들이 제일 먼저 채워질 것이다.

1학년 때처럼 기대에 차서 앞쪽으로 몸을 기울이는 대신, 7학년 아이들은 몸을 뒤쪽으로 기대고 싶어 할 것이다. 그러면서 의자를 가능한 뒤쪽으로 기울여서 선생님의 시야에서 조금이라도 벗어나려고 할 것이다. 선생님에 대한 그들의 반응은 더 이상 따스함과 공감 어린 마음이 스며들어 있지 않다. 오히려 10대들에게서 흔히 발견되는 냉정하게 말을 삼가고 거리를 두는 특징이 나타날 것이다.

이것은 어린 시절에 진행되는 자연스런 정서적 발달이다. 즉 따스함과 유대감에서 출발해서 쌀쌀함, 거리를 둠, 삼가는 태도로 점점 나아간다는 뜻이다. 부모들은 남들이 있는 곳에서는 아이들이 더 이상 자기 무릎에 앉지도 않고 헤어질 때 뽀뽀도 해주지 않을 때, 아주 가까운 친밀함으로부터 멀어져 가는 이런 전환을 경험할 것이다. 이런 변화는 초등학교 시기가 진행되는 동안에 일어난다. 그리고 발도르프 선생님들은 아이들의 이런 발달상의 여정을 아이들과 함께 그리고 부모들과 함께 떠난다.

반을 책임지는 담임 선생님들은 이 8년간의 여행을 하는 동안에 많은 교훈을 배워야 한다는 요청을 받는다. 하지만 내가 분명하게 배운 가장 놀라운 교훈은 교사로서의 내 경력의 끝부분에 찾아왔다. 다음 글은 내가 담임을 맡았던 마지막 반을 졸업시키는 날에 아이들에게 들려준 이야기다.

사랑하는 학생들에게

지난 몇 년 동안 내가 너희들한테 배운 것들이 아주 많이 있지만, 그 중에서도 분명 가장 놀라운 배움은 지난해 10월 말에 이 강당에서 일어난 배움이란다. 그때 너희들은 할로윈 축제를 위한 옷들을 차려입고서 학교로 왔었다. 너희들도 기억할 것이다. 그날 T는 진홍색 모피로 된 옷을 입고서

《오즈의 마법사(The Wizard of Oz)》*에 나오는 도로시처럼 꼬마 인형 토끼 토토를 들고 학교에 왔다. 그 순간 나는 깨달았단다. 내가 너희들을 맡아서 가르치는 선생님이 되었던 일이 무엇인지를 말이다. 그것은 바로 오즈의 나라로 떠났던 8년간의 여행이었더구나.

너희들이 1학년이었을 때를 뒤돌아보니, 너희들은 모두 시끄럽게 떠들어 대는 꼬마 먼치킨(《오즈의 마법사》에 나오는 난쟁이들)들이었고, 나는 오즈의 마법사와 같은 존재였다. 뭔가 심각한 문제가 있으면, 가령 쉬는 시간에 밖에 나가 놀고 있는 동안 누군가가 너희의 나뭇가지를 가져가려고 하면, 너희들은 이렇게 말했지. "가서 우리가 뭘 해야 하는지를 페트라시 선생님(오즈의 나라에서는 모두 아는 사람이지)한테 물어보자." 그러면 내가 모든 문제들을 풀 수 있었고 말이다. 그리고 우리가 어딘가로 가야할 때마다, 너희들은 바르게 줄을 섰고, 우리들은 노란 벽돌이 깔린 길을 함께 걸어가곤 했지. 그것이 바로 처음 두세 학년을 우리가 어떻게 함께 여행했는지를 보여 주는 모습이었다. 우리는 친구가 되었고, 노래를 불렀고, 함께 행진을 했지.

4학년이 되자 어디쯤에선가 모든 것들이 변하기 시작하더구나. 우리는 어두운 숲을 지나가야 했고, 그곳에는 심술궂은 사과나무들이 자라고 있었지. 그때부터 너희들의 목소리 톤도 달라지더구나. "이봐, 네 손 치워!" 라든가 "내가 너한테 그렇게 해주었는데 어떻게 네가 그럴 수 있어?" 같은 말이 오고 갔지. 그리고 다시 돌아갈 길은 없었단다.

---

* 오즈의 마법사: 프랭크 바움이 쓴 동화. 미국 캔자스 농장에 살던 소녀 도로시가 회오리에 휩쓸려서 오즈의 나라에 갔다가 집으로 돌아오는 여정을 그리고 있다. 중간에 사자, 양철 나무꾼, 허수아비를 만나서 함께 여행을 한다.

6학년 후반기에는 날개를 단 사악한 원숭이들이 나타났다. 그 원숭이들은 우리 반을 휘젓고 돌아다니면서 친구들 사이를 갈라놓고 파벌을 만들어 냈다. 7학년 때 우리들은 양귀비꽃 들판을 통과해서 앞으로 나아가고 있었다. 공상적인 꿈으로 가득한 그 꽃들은 자기들의 마법의 주문을 너희들에게 걸었단다. 나는 중요한 과목을 시작하던 참이었고, 계속해서 너희들에게 머리를 들라고 요청해야 했다. 또 너희들이 하품을 할 때마다 입을 좀 다물라고 청해야 했지. 혼수상태와 비슷한 너희들을 깨울 수 있었던 유일한 것은 하늘에서 내리는 눈이었다.

마침내 8학년이 된 우리는 에메랄드 시에 도착했다. 하지만 너희들은 마법사를 찾으러 여기까지 왔는데, 나는 전지전능한 오즈의 마법사가 아니란 사실이 너무나 분명했다. 그 대신 나는 레버를 당기고 있는 수염 난 작은 늙은이였다. 계속 큰 소리를 질러 대고 있던 그 늙은이 말이다. "커튼 뒤에 있는 저 사람한테는 주의를 기울이지 마라!" 이렇게 충고하면 너희들은 이 충고를 대단히 심각하게 받아들이고는 열심히 주의를 기울이곤 했지.

하지만 도로시와 친구들처럼 너희들이 지성, 용기, 가슴, 집으로 가는 길을 찾아낸다면, 너희들은 올바른 곳에 와 있는 것일 거야. 발도르프 학교는 첫날부터 너희들에게 비겁한 사자가 찾아내었던 용기를 주려고 노력해 왔단다. 점심 식사 후에 너희들이 접었던 모든 식탁 깔개, 너희들이 밀고 갔던 모든 의자, 아침 시를 낭송하기 위해서 똑바로 서있었던 모든 시간들, 너희들이 최선의 능력을 발휘해서 제시간에 완성해 내었던 주요 수업 책들을 가지고서, 너희 학교는 너희가 용기의 원천인 꿋꿋함과 참을성이라는 저수지를 개발할 수 있도록 도왔단다.

너희 학교는 또한 너희들에게 양철 나무꾼이 그토록 갖고 싶어 한 가슴을 주려고 애써 왔단다. 너희들이 그렸던 모든 수채화 그림들, 너희들이 불렀던 모든 노래들, 너희들이 노력해서 만들었던 모든 우정들, 너희들이 가슴으로 배웠던 모든 시구절들, 너희들을 크게 웃게 만들거나 눈물을 흘리게 만들었던 모든 이야기 시간들이 있다. 이것들을 가지고서 너희들의 정서적 삶은 더 풍요로워지고 더 깊어졌단다.

그리고 너희 학교는 허수아비가 원했던 지성을 너희들에게 주려고 열심히 노력했단다. 너희들이 주의 깊게 관찰하고서 정확하게 글로 썼던 모든 과학 실험들, 너희들이 풀었던 모든 단어 문제들, 너희들이 썼던 명확하고 간결한 모든 문장들, 두 가지 이상의 관점에서 역사적 사건을 곰곰 생각해 보았던 모든 시간들이 있구나. 이것들을 가지고서 너희들은 사고하는 능력을 계발시켜 왔단다.

너희 학교는 무엇보다도 너희들이 이곳 지구를 집처럼 잘 알고 편하게 느끼도록 해주려고 애를 썼단다. 너희 안의 어떤 부분은 참되고 변치 않는다는 사실을 깨닫게 해주려고 말이다. 이 부분은 너희 안에 있는 영적인 부분이고, 너희 학교가 항상 경이롭게 여기고 우러러 공경하는 부분이란다. 너희들이 내면의 가장 깊숙한 곳에 존재하는 그 영적인 것을 존중하면서 살게 된다면, 인생길 어느 곳에서나 편하게 느끼게 될 것이다. 그렇게 된다면 너희들은 오즈의 나라 안에 있던 것이 정말이라는 것을 보게 될 것이다. 즉 너희들이 찾고 있었던 것은 언제나 너희 안에 있던 것이라는 사실을 알아챌 것이란 뜻이다. 단순히 이것을 이끌어 내는 것이 너희 학교의 임무였단다.

발도르프 교육은 아이들의 내적인 반응을 요구한다. 그렇기 때문에 졸업생들은 자기가 누구인지 그리고 자기가 중요하다고 믿고 있는 것이 무엇인지에 관해서 보다 분명하게 이해하면서 학교를 졸업하게 된다. 따라서 이 젊은이들은 자기가 어떤 방향으로 인생이라는 길을 걸어가야 할지를 알 수 있을 것이다.

5장_ 발도르프 고등학교

"무엇보다도 교육의 근본이 되는 기초는 삶을 다룰 능력이 있는 조화롭게 통합된 개인이 되도록 훈련시키는 것이다."

- J. 크리슈나무르티(J. krishnamurti)*[1]

오늘은 고등학교에서 흔하게 볼 수 있는 날로, 매년 봄마다 전국에 있는 수많은 학교들에서 벌어지는 그런 날이다. 수업들은 몇 시간 전에 끝났고, 학교는 눈에 띄게 조용하고 텅 비어 있다. 건물 안에서 움직이는 사람들은 청소하는 직원들뿐이다.

학교 뒤에 있는 주차장 바깥쪽에서 학교 야구팀이 자동차에서 짐을 내리고 있다. 원정 경기에 나갔다가 지금 막 돌아온 것이다. 코치인 나는 선수들과 함께 야구공들, 방망이들, 야구 헬멧들을 정리하고 있는 중이다. 우리 팀의 포수도 자기 짐을 차에서 내리고 있었다. 가슴 보호대, 정강이 보호대, 마스크가 들어 있는 커다란 가방이었다. 그는 고등학교 3학년이고 상대 팀으로부터 두려움과 부러움이 섞인 감정을 불러일으키는 독특한 선수들 중의 한 명이었다. 그는 모든 것들이 겸비된 선수고, 그의 홈런과 리더십은 나중에 우리 주에서 열리는 경기에서 우리 학교 팀이 4강에 오르도록 이끄는 역할을 할 것이다.

---

* 크리슈나무르티(1895-1986): 철학과 영적인 주제를 다룬 명상가이자 인도철학자. 수많은 강연을 했으며, 《아는 것으로부터의 자유》를 비롯한 많은 저서가 있다.

자기 장비를 챙기려고 자동차 쪽으로 다가오면서 그는 아름답게 노래를 부르기 시작했고, 나는 놀라서 하던 일을 멈추었다. 그는 오페라의 어느 구절을 부르고 있었는데, 여러 재능들을 함께 지니고 있는 그에게 나는 곧 경이로움을 느꼈다. 그는 운동 능력도 뛰어났을 뿐만 아니라 예술적인 감수성도 뛰어났고 그것을 풍요롭게 표현할 줄도 알았다. 나는 속으로 이렇게 생각했다. "경기를 하느라고 그토록 힘든 하루를 지낸 다음에 오페라 〈돈 조반니(Don Giovanni)〉를 부르는 일에 푹 빠져 있는 학생 야구 선수, 강력한 타자이면서 또 훌륭한 왼손잡이 포수를 데리고 있는 코치들이 미국 전역에 얼마나 있을까?"

다른 때에도 나는 이런 경험을 한 적이 많이 있었고, 그 순간들은 발도르프 교육의 가치를 분명히 볼 수 있게 해주는 순간들이었다. 이 젊은 친구는 발도르프 교육이 추구하고 있는 세 가지 차원으로 접근한 결과를 구체적으로 보여 준다.

좋은 사고 습관들

고등학교에서도 머리, 가슴, 손이라는 세 가지 차원의 패러다임은 교육적인 원칙을 주도하는 역할을 계속하게 된다. 발도르프 고등학교 학생들도 매주마다 활동적으로, 정서적으로, 사려 깊게 학교 활동에 참여하도록 격려를 받는다. 그들이 더 어렸을 때 발도르프 학교에서 교육을 받았을 때와 똑같다. 하지만 청소년기인 이 세 번째 교육 단계에서 학교가 주안점을 두고 강조하는 것이 사고하는 쪽으로 분명하게 바뀌게 된다. 사고하는 일은 여러 유형의 과목들을 배우면서 발달해 나가고, 그동안 갈고 닦아온 사고 습관들을 통해서 발전해 나간다.

고등학생들에게 일어나는 성숙의 과정은 4년의 고등학교 과정 동안 사고 습관을 잘 기를 수 있는지를 결정하는 데 중요한 역할을 할 것이다. 뉴햄프셔에 있는 발도르프 사범대학의 교장인 더글러스 거윈(Douglas Gerwin)에 따르면, 고등학교에서 선생님들은 매 학년마다 그 학년에 알맞은 고유한 질문들을 제시해야 한다고 한다. 이런 근본적인 물음들은 인간 지성의 특정한 측면을 일깨우려는 중요한 목적을 갖고 있다. 그는 자신의 책《발도르프 고등학교의 시작(Genesis of a Waldorf high school)》에서 다음과 같이 썼다.

"9학년 학생들은 정확한 관찰력을 기르도록 요구받는다. 즉 과학 수업에서 했던 실험 실습과 공개수업의 내용들을 정확하게 묘사하고 그림으로 그려 보도록 요청을 받는다는 뜻이다. 인문학 수업들에서 학생들은 수업에서 배우는 사건들이나 주인공의 특성을 세부적인 내용을 혼동하거나 헤매는 일 없이 분명하게 이야기해야 한다. 이런 요청을 하는 목적은 학생들이 정확한 관찰력을 훈련하도록 격려하기 위해서다. 그러면 주변에서 심한 폭풍우 같은 현상들이 일어날지라도, 학생들은 자신의 사고 작용이라는 지속적인 안전장치를 경험할 수 있을 것이다… 고등학교 신입생들이 듣는 수업들에서 선생님들이 제시할 필요가 있는 근본적이고 생산적인 질문들은 대략 이렇게 요약할 수 있다. '그게 무엇이지?', '무슨 일이 일어났을까?', '여기서 앞으로 무슨 일이 일어날까?', '너희들은 무엇을 보고 들었지?'"[2]

거원은 10학년에 관해서도 계속 이야기하고 있다. 10학년 때는 관찰하는 일에 비교하기가 포함되면서 관찰력이 확장될 것이고, "그것이 무엇이지?"란 질문은 이제 "어떻게?"란 질문으로 대체될 것이다. 선생님들은 이런 질문들을 제시할 것이다. '산성 물질들과 염기 물질들은 서로 어떻게 다를까?', '남자들과 여자들은 어떤 식으로 서로 다를까?', '중동 지역과 극동 지역의 문화와 종교적 전통은 서구 세계의 문화나 종교 전통과 어떻게 다를까?' 11학년은 분석 능력과 추상적 사고력을 발달시킨다. 거윈은 이렇게 말하고 있다.

"11학년 때 배우는 교과목들은 눈에 보이지 않는 주제들을 탐구하는 것으로 특징지어질 수 있다. 다시 말해, 우리 감각으로 경험할 수 없는 영역들로 학생들을 이끌어 가는 과목들을 공부한다… 화학 수업에서 학생들은 원자라고 하는 우리 눈에 보이지 않는 왕국으로 들어간다. 물리 수업에서는 전기(전기는 그것이 나타난 결과만을 볼 수 있을 뿐이고, 그것의 고유한 본질을 볼 수는 없다)라는 보이지 않은 세상을 탐구한다… 보이지 않는 세계로의 이런 항해에서 선생님들은 학생의 독립적인 분석 능력과 추상적인 이론화 능력을 강화할 목적으로 이런 식의 핵심적인 질문을 묻는다. '왜 그렇지? 왜 그것들은 이런 식으로 작용할까?'"[3]

사고의 발달이 고등학교 시절에 모두 완성되는 것은 아니다. 그것은 대학 시절과 그 이후의 삶에서도 계속될 것이다. 그렇다할지라도 12학년은 한발 뒤로 물러나서 전체를 관찰하는 시기다. 학생들은 자기들의 관점을 넓히도록 요구받으며, 공부하는 주제들을 전체 커리큘럼 속의 한 부분으로 보도록 요구받는다. 그러면 종합적인 사고를 할 수 있는 훈련된 마음이 습관으로 자리 잡게 될 것이다. 이 시기의 커리큘럼은 이런 질문을 던진다. "어떻게 나는 단편적이지 않은 방식으로 세상을 바라볼 것인가?", "삶에는 의미가 있는가?" 그리고 마침내 "나는 누구인가?"를 묻게 될 것이다.

이런 질문들은 주로 졸업반인 12학년 학생들에게 제시되는데, 학생들은 이 질문들을 생각해 보면서 많은 것들을 배워 왔던 지난 날들을 뒤돌아볼 것이다. 이런 질문들은 반복적으로 제시되고, 특히 초월주의자들(transcendentalists)*에 대한 문학 공부를 하면서 일어날 것이다. 학생들은 초월주의자의 한 사람인 랠프 월도 에머슨(R. W. Emerson)**의 〈자기 신뢰(Self Reliance)〉, 시인 월트 휘트먼(W. Whitman)***의 〈나 자신의 노래(Song of Myself)〉, 에밀리 디킨슨(Emily Dickinson)****의 시 〈외부 세계로부터 내면세계로(The Inner from the Outer)〉 같은 문학작품들을 공부할 것이다.

마음속에 이런 근본적인 물음들을 간직하고 있는 선생님들은 학생들이 인식능력을 발달시키도록 격려하고 도울 것이다. 우리가 살아가고 있는 이 세계와 자기 자신을 학생들이 보다 가까이에서 바라볼 수 있도록 하기 위해서다. 관찰하고, 비교하고, 분석하고, 종합하는 능력은 곧 어른이 될 청소년들이 이 세상을 보다 잘 이해하게 해줄 것이기 때문이다. 동시에 세상에서 자신의 자리를 찾을 수

---

* 초월주의자: '초절주의자'라고도 번역됨. 19세기 미국의 사상가들이 주장한 이상주의적 관념론 철학으로, 자연과의 교감, 정신과 직관에 의해 진리를 깨닫고자 했다. R. W. 에머슨이 주도했으며, 헨리 데이비드 소로, H. 멜빌, N. 호손 등이 이 그룹에 속해 있었다.

** 랠프 월도 에머슨(1803-1882): 미국의 사상가이자 시인. 초월주의 사상을 주장했으며, 《자연》, 《위인이란 무엇인가》 등의 책이 번역되어 있다.

*** 월트 휘트먼(1819-1892): 미국의 시인. 대부분 독학으로 공부를 했으며, 형식과 내용에서 혁신적인 시를 썼다. 미국적인 정신을 잘 대변해 주는 시집 《풀잎》이 있다.

**** 에밀리 디킨슨(1830-1886): 미국의 시인. 자연과 사랑, 죽음과 영원 등의 주제로 시를 썼는데, 생전에는 거의 알려지지 않았지만 사후에 많은 사랑을 받고 있다. 《에밀리 디킨스 시선집》, 《고독은 잴 수 없는 것》 등의 시선집이 번역되어 있다.

있도록 준비시키는 일에 도움을 줄 것이다.

발도르프 교육은 아이들의 내적인 반응을 요구한다. 그렇기 때문에 졸업생들은 자기가 누구인지 그리고 자기가 중요하다고 믿고 있는 것이 무엇인지에 관해서 보다 분명하게 이해하면서 학교를 졸업하게 된다. 따라서 이 젊은이들은 자기가 어떤 방향으로 인생이라는 길을 걸어가야 할지를 알 수 있을 것이다.

깊이 있는 공부

좋은 사고 습관을 길러 주기 위해서 발도르프 학교는 학생들이 과목들을 배울 때, 피상적인 것을 넘어서서 보다 깊이 있게 탐구할 수 있도록 하는 환경을 만든다. 이런 배움의 환경을 만들어 내기 위해서는 선생님들이 자기가 가르치는 과목에 대해 집중적인 관심을 기울이고 포괄적으로 공부를 해야 할 것이다.

브라운 대학교에 있는 '본질적 학교 연합(Coalition of Essential School)'의 창시자인 테드 사이저(Ted Sizer)는 고등학교 커리큘럼에서 특정한 과목들 모두를 다루려고 해서는 효과가 없을 것이라고 주장하고 있다. 왜냐하면 모든 분야를 전부 가르치려는 시도는 온갖 것들을 뒤죽박죽 섞어서 가르치는 피상적인 것이 될 수 있기 때문이다. "내가 주장하는 기본적인 결론은 '적을수록 더 낫다(Less is more)'란 경구 속에 담겨 있다. 고등학교에서 목표가 되어야 할 사고 작용의 질적인 특성은 시간을 두고서 발달해야 한다고 나는 믿고 있다. 또한 학생들이 몇몇 중요한 아이디어에 깊이 몰두할 때 그 특성이 가장 잘 발달할 것이라고 믿고 있다."[4]

발도르프 학교는 넓은 범위의 다양한 자료를 조금씩 보여 주기보다는, 학생들이 보다 중요하고 가치 있는 것을 이해하도록 선택한 분야들을 보다 깊이 파고 들어가는 쪽을 택한다. 고등학교에서 가르치는 주요 과목 수업은 일반 학교보다 "두 배"인 1시간 40분 동안 이루어지고, 3주나 4주가 넘는 기간 동안 매일 아침 첫 수업으로 진행된다.

이런 "블록 스케줄링(block scheduling)"은 현재 다른 일반 고등학교들과 대학교들에서 학교 교육개혁 프로그램으로 활용하고 있는 추세다. 이것은 포괄적이고 철저한 공부에 잘 맞는 유기적이고 중요한 특성이다. 이런 식으로 한 학년 동안 학생들은 열두어 개의 과목들을 공부한다. 이 과목들은 과학과 수학에서부터 인문학 영역들까지 모든 분야의 과목들에서 선택이 되며, 집중적이고 몰입하는 방식으로 가르쳐진다(이와 동시에 수학, 국어, 외국어의 기본 교육은 모든 학년이 매주의 시간표에 다라서 정규적으로 수업을 한다).

진리, 아름다움, 선함

어떤 학교가 학생들에게 가르치기로 선택하는 과목들은 그 학교 시스템이 지닌 가치들을 표현한다. 발도르프 고등학교도 그런 경우다. 발도르프 고등학교는 가치를 담은 교육을 하겠다고 동의하고 있으며, 이것은 하워드 가드너가 자신의 책《인간은 어떻게 배우는가?(The Disciplined Mind)》에서 말한 고상하고 감성적인 방법으로 교육에 접근하는 것과 비슷하다. "모든 인간 존재에게 필요한 교육은, 유서 깊고 존중할 만한 구절인 '진리, 아름다움, 선함'으로 표현되고 있는 인간의 핵심적인 성취들을 깊이 있게 탐구하는 교육이다."[5]

루돌프 슈타이너는 진리, 아름다움, 선함을 경험하는 것이 학교에서 아이들이 받아야 하는 교육의 필수 요소로 보았다. 이것은 또한 발도르프 고등학생들이 커리큘럼을 통해서 만나게 되는 것이 무엇인지를 설명해 줄 수 있는 측면이다. 발도르프 고등학교에서 학생들이 배우는 과목들은 본질적으로 이러한 이상들 주위를 둘러싸면서 구성될 것이다.

진리

고등학생들은 진리를 추구하는 일에 활발하게 착수한다. 불대수(Boole代數)*, 순열과 확률, 지질학, 광학, 동물학 같은 수학과 과학 수업들은 실제 세계에 관해 학생들이 필요로 하는 이해를 제공해 준다. 그리고 학생들이 이런 탐구를 위해서 필요한 지적인 예리함을 갈고닦도록 격려할 것이다. 그렇지만 진리에 대한 탐구는 또한 학생 개개인이 개별적으로 추구하는 개인적인 문제이기도 하다.

바로 이런 이유 때문에 10대 청소년들이 이전처럼 어른들에게 단순히 질문을 하기보다는 어른들을 의심하고 문제시하기 시작하는 것이다. 진리 탐구를 하는 과정은 학생들과 선생님들이 개인적인 신념들을 일시적으로 보류하고, 집중적인 기간 동안에 다른 관점을 생각해 보는 태도가 불가피하게 요구될 것이다. 과거 어느 때보다 오늘날의 문제들은 한쪽으로 치우쳐 있어서 또렷하게 보이지 않는 경향이 있다. 그러므로 고등학교 선생님들은 학생들이 문제들을 다양한 관점에서 생각해 보는 습관을 길러 주어야 한다.

고등학교에서 이루어지는 역사 수업은 문제의 다양한 측면을 제시함으로써 이런 노력을 지원할 수 있다. 가령, 미국 남북전쟁을 공부하면서 학생들은 북쪽의 노예 폐지론자들의 분노를 이해하면서도 열의에 차 있던 남부 버지니아 사람들의 마음도 이해해야 한다. 특히 남부군의 로버트 리(Robert E. Lee)** 장군의 "자신이 속한 곳

---

* 불대수: 1847년 영국의 수학자 조지 불이 공식화한 현대 수학에 속하는 대수학의 한 분과. 정보이론, 확률론, 집합의 기하학 연구에서 중요하다.

** 로버트 리(1807-1870): 미국 남북전쟁 시기에 남부군을 지휘한 장군이자 교육자. 전쟁에서는 패배했지만 말년에는 교육에 헌신했다.

에 대한 사랑"을 이해할 필요가 있을 것이다. 그리고 노예 탈출을 도왔던 '지하철도(Underground Railroad)'*라는 비밀 조직이 겪었던 걱정과 두려움도 경험할 필요가 있다. 뿐만 아니라 전쟁터의 불안과 고통, 에이브러햄 링컨(Abraham Lincoln)**, 대니얼 웹스터(Daniel Webster)***, 심지어 제퍼슨 데이비스(Jefferson Davis)****의 슬픔과 낙담을 경험하고, 집에 남은 어머니들과 아내들의 비탄을 경험할 필요가 있다. 셔먼 장군(William T. Sherman)*****이 "바다로의 행군"을 감행했을 때 조지아 주 사람들이 겪었던 고립감과 충격도 이해해야 할 것이다. 그리고 링컨 대통령이 암살되었을 때 사람들이 겪었던 깊은 실망도 이해해야 한다.

쟁점이 되는 문제들을 갖고서 탐구해 나갈지라도 진리 탐구는 복잡하고 시간이 걸리는 과정이다. 그럼에도 불구하고 항상 노력할 가치가 있는 일이란 사실을 청소년들은 이해해야 할 것이다.

---

* 지하철도: 미국에서 남북전쟁이 일어나기 전 흑인에 동정적인 북부의 백인들이 도망노예송환법(Fugitive Slave Acts)을 피해 도망친 노예들을 안전지대로 피신시킬 목적으로 북부의 여러 주에서 만든 비밀 조직.

** 에이브러햄 링컨(1809-1865): 미국의 16대 대통령. 남북전쟁 때 북군을 이끌었고, 점진적으로 노예해방을 이루었다. 대통령에 재선되었지만 이듬해에 암살당했다.

*** 대니얼 웹스터(1782-1852): 미국의 정치가이자 법률가. 19세기 초반에 미합중국을 대표하는 정치인들 중의 한명이었다.

**** 제퍼슨 데이비스(1808-1889): 미국의 정치가. 남북전쟁 당시 남부 연합의 대통령을 지냈지만 전쟁에 패한 후에 체포되었다.

***** 윌리엄 셔먼(1820-1891): 미국 남북전쟁 시기에 북부군 장군. 6만 병력을 이끌고서 '바다로의 행군'을 감행해서 대서양 연안에 도착했다.

아름다움

발도르프 커리큘럼은 고등학생들에게 영원한 아름다움을 생각해 보는 기회들을 제공한다. 그래서 고등학교 시기의 첫 학년과 두 번째 학년에 예술사에 관한 공부가 두 부분으로 나누어서 진행된다. 학생들은 예술사 공부를 하면서 영속적이고 예술적인 가치를 지닌 작품들을 경험하고, 알아 가고, 재창조해 볼 수 있는 기회를 갖는다.

11학년에 이루어지는 음악사 공부도 졸업 학년인 12학년에 하게 되는 건축사 공부와 마찬가지로 학생들이 예술의 아름다움을 경험할 수 있는 기회를 제공한다. 이런 과정 모두는 아름다움의 중요

성을 강조하고 있으며, 아름다움을 인간 역사와 관련해서 생각하고 이해하게 해줄 것이다.

선함

고등학생들은 또한 선함을 경험할 필요가 있다. '전국 중고등학교 교장 연합(NASSP)'은 〈서열을 깨트리기: 미국의 학교 제도를 변화시키기(Breaking Ranks: Changing an American Institution)〉란 보고서에서 이렇게 말하고 있다.

"학교는 학생들에게 중요한 미덕들을 태연하게 가르쳐야만 한다… 어떤 교육가들은 이런 임무를 받아들이는 데 불편함을 느낄 수도 있다. 하지만 우리는 영속적인 중요한 미덕들이 절조 있는 국민들에게 보편적으로 적용되어야 한다고 확신하고 있다. 아이들이 아이들을 죽이고, 아이들이 아이들을 임신해서 낳고 있는 이 시대에, 고등학교들이 이 의무를 회피할 여유가 없기 때문이다."[6]

가치를 품고서 학생들을 가르치는 일은 광범위한 어려움들과 복잡한 문제가 뒤따르는 일이다. 하지만 이런 가르침을 피해서는 안 될 것이다. 비록 미덕에 관해서 직접 가르치는 일이 때로 소용이 없는 것처럼 보일지라도, 학생들이 역사나 문학 수업에서 도덕적인 물음들과 씨름을 했던 모범적인 사람들을 알아 가는 일은 중요할 것이다. 그래야 학생들은 자기가 가져야 하는 신념들이 무엇일지를 탐구하고 정의 내릴 수 있게 되기 때문이다.

고등학교 주요 과목 수업에서 단테(Alighieri Dante)*가 지은 《신곡》의 제1부 "지옥"을 공부하면서 학생들은 선과 악의 대결을 마주하게 된다. 서사적 이야기인 〈파르치팔(Parsifal)〉**을 공부하면서는 개인의 도덕적 책임이 어떤 역할을 하는지를 탐구한다. 그리고 빅토르 위고(Victor Hugo)***가 쓴 고전소설인 《레미제라블》을 읽으면서 학생들은 장 발장이란 주인공의 삶을 통해 인간의 변모 가능성을 살펴볼 것이다. 《우파니샤드》****, 《바가바드 기타》***** 같은 다른 책들도 발도르프 고등학교에서 활용되는데, 학생들이 생각해 볼 만한 심각한 윤리적인 물음들을 불러일으키기 때문이다.

이런 공부를 하는 학생들은 진리나 아름다움과 마찬가지로 우리 인간이 깊이 관심을 가져야 할 하나의 이상으로 선함을 생각해 보도록 격려를 받는다.

---

* 단테(1265-1321): 13세기 이탈리아의 가장 위대한 시인, 서유럽 문학의 거장. 중세의 세계관을 보여 주는 영원불멸의 걸작으로 꼽히는 《신곡》을 비롯하여 《농경시》, 《향연》 등을 남겼다.

** 파르치팔: 중세 시인 볼프람 에셴바흐가 지은 서사시. 주인공 파르치팔의 도덕적 숭고함과 순수함을 그리고 있다.

*** 빅토르 위고(1802-1885): 프랑스의 가장 위대하고 대중적인 작가로 꼽힌다.

****《우파니샤드》: 가장 오래된 힌두 경전인 베다를 운문과 산문으로 설명한 철학적 경전. 스승과 제자가 일상생활 속에서 질문을 주고받는 식으로 전개되며 그 대화는 직관적이고 영적이다. 스승은 지식을 전해 주는 것이 아닌 지고한 실재에 대한 깨달음과 체험을 강조한다.

*****《바가바드 기타》: 산스크리트어로 '신의 노래'란 뜻을 갖고 있고, 힌두 문헌에 나오는 서사시다. 윤리 문제에서 출발해서 신의 본질 등 심오한 문제들을 묻고 있다.

공부를 가르치는 방법

오하이오 주에 있는 오벌린(Oberlin) 대학의 신입생 교실에서 학생들은 예기치 않은 놀라운 과제를 받았다. 한 교수가 학생들에게 다음날 수업이 시작될 때 학생들이 필기한 노트를 제출해야 한다고 말한 것이다.

낭패스러운 놀람과 신음 소리가 한 차례 지나간 뒤에 한 학생이 물었다. "어떤 노트를 말씀하시는지요?"

"여러분이 필기한 수업 노트입니다." 교수가 대답했다.

"하지만 어떤 노트를 제출해야 하나요? 저한테는 매일 수업 시간에 쓴 노트가 있고, 밤에 다시 정리한 노트가 있는데요?" 학생이 되물었다.

이제 놀란 사람은 그 교수다. "여러분이 쓴 노트를 걷어서 내가 살펴볼 것이라고 누가 말해 주었습니까?"

"아무도 말한 사람이 없습니다. 이것은 내가 배웠던 필기하는 방식입니다." 그 학생이 다시 대답했다.

"학생은 어느 학교 출신인가요?" 교수가 의아해 물었다.

"롱아일랜드에 있는 작은 학교인 발도르프 학교를 나왔습니다." 학생이 대답했다.

"아, 이제 이해가 되는군요." 마침내 만족한 교수가 대답했다.

발도르프 교육 철학의 가치는 교육적인 원리들을 실제로 적용할 수 있는 능력이 분명히 있다는 점에서 분명해진다. 이것이 실제로 효과적으로 적용되는지를 평가하는 한 가지 방식은 널리 인정받고 있는 교육적인 기준으로 발도르프 프로그램을 검토해 보는 것이다.

전직 뉴욕 주립 대학교 총장, 교육 청장, 카네기 재단의 교육진흥 청장이었던 작고한 어니스트 보이어(Ernest Boyer)는 미국의 중등 교육에 관해서 집중적인 연구를 했던 사람이다. 그는 고등학교들이 다음 네 가지 중요한 목표들을 달성하기 위해서 노력해야 한다고 제안했다.

"첫 번째 목표로, 고등학교는 모든 학생들이 비판적으로 생각할 수 있는 능력을 계발하도록 도와야 한다. 그리고 언어 습득을 통해서 효과적으로 의사소통할 수 있는 능력을 갖도록 도와야 한다.

두 번째 목표로, 고등학교는 모든 학생들이 자기 자신, 인류 유산, 자기가 살아가고 있는 상호 의존적인 이 세상에 대해서 배워 갈 수 있도록 도와야 한다. 이 일은 모든 인간들이 겪게 되는 필연적인 경험들에 기초를 둔 핵심적인 커리큘럼을 통해서 이루어져야 한다.

세 번째 목표로, 고등학교는 모든 학생들이 개인적인 소질이나 관심사를 계발할 수 있는 선택 과목들을 들을 수 있게 도와야 하고, 직업을 위한 교육을 받을 수 있도록 해야 한다.

네 번째 목표로, 고등학교는 모든 학생들이 학교나 지역사회에

봉사하는 일을 통해서 사회적 의무와 시민의 의무를 다하도록 도와야 한다."[7]

이 네 가지 목표는 고등학교 교육에 접근하는 발도르프 방식이 얼마나 건강한 것인지를 측정할 수 있는 실제적인 기준이라고 할 수 있다.

언어 습득을 통해서 명확한 사고를 전달하기

보이어의 첫 번째 목표와 관련해서 살펴보면, 발도르프 고등학교가 비판적인 사고를 발달시키는 포괄적인 방법을 제공하고 있다는 사실을 금방 알 수 있다. 이 사실은 훌륭한 사고 습관을 논의했던 부분을 보면 알 수 있을 것이다. 하지만 보이어의 첫 번째 목표에 명확하게 언급되지 않은 점이 있는데, 그것은 교육과정에서 글로 쓰인 언어를 마스터하는 일과 말로 하는 언어를 마스터하는 역할에 관해서다.

발도르프 학교에서 모든 고등학생들은 평균 일주일에 3개 정도씩 작문을 하게 된다. 글의 종류는 아주 다양한데, 실험 관찰을 쓴 글에서부터 정보 제공용으로 서술한 글도 있다. 또 이야기체의 설명글, 에세이, 조사 보고서, 문학작품 해석 글 등이 있다. 이런 작문들의 거의 대부분은 학생들이 만들어 가는 주요 과목 책과 보고서의 내용이 된다.

학생들은 한 학년 동안 열두어 개의 과목과 블록 수업으로 하

학생들이 직접 만든 주요 과목 책

는 주요 과목들을 들으면서 주요 과목 책들을 직접 만들고 다양한 보고서들을 제출하기 때문이다. 학생들 각자가 손수 만든 이 책들은 수업에서 들었던 중요한 정보들을 포함하고 있으며, 교재로 사용된다.

글쓰기를 위한 지속적인 기회들을 제공하는 것에 더해서, 확장된 주요 수업 형식은 학급 토론을 격려할 것이다. 토론을 하면서 학생들은 지난 시간에 배운 것을 정기적으로 다시 복습하고 새로이 배우게 될 것들을 논의한다. 이 과정에서 학생들은 자기 생각을 말로 표현하도록 요구받는다. 각 단계마다 발도르프 학교는 학생들

학생들이 직접 만든 주요 과목 책들

이 배운 것을 다시 확인하고, 자기 생각을 말로 표현해 보는 섬세한 과정을 지원하고 격려한다.

인류의 문화유산 이해하기

카네기 재단에서 보이어가 세웠던 두 번째 목표와 관련해서 살펴보면, 발도르프 고등학교의 접근 방식이 아주 분명하게 "인문학적"이라는 사실을 알 수 있다. "인류의 유산"을 이해하는 일은 발도르프 프로그램에서 가장 중요한 위치를 차지하고 있기 때문이다.

학생들은 아시아, 아프리카, 아메리카의 고대 문화들을 비롯해서 붓다와 노자에서부터 칼라하리 사막의 부시먼들과 아메리카 인디언 부족인 수족(Sioux)까지 모든 문화를 공부한다. 각각의 문화가 지니고 있었던 지혜, 믿음, 통찰이 무엇이었는지를 세심하게 살펴보는 것이다. 동시에, 우리가 사는 현대 문명과 그 흐름을 공부하고, 때로 비극적인 사건들도 상세하게 공부한다.

이런 식으로 발도르프 고등학교는, 하워드 가드너가 자신의 책 《인간은 어떻게 배우는가?》에서 지적했던 두 가지 중요하게 고려할 사항을 조화롭게 통합하고 있다. "우리에게 필요한 교육은 겉보기에는 두 가지가 서로 모순된 것처럼 보이지만, 심사숙고해 보면 이 두 가지가 사실은 서로 보완하고 있다는 사실에 깊이 뿌리를 내린 교육이다. 한 가지는 영원한 관점에서 바라본 인간 조건들에 관해 널리 알려진 것들이고, 다른 한 가지는 현대 상황의 압력들과 어려운 도전들과 기회들에 관해서 우리가 알고 있는 것들이다."[8]

미래에 대비하도록 학생들 준비시키기 - 선택 과목들

교육학을 전공하는 젊은 대학원생이었던 나는 지역에 있던 발도르프 학교를 방문해서 고등학생들이 만든 작품 전시회를 볼 기회가 있었다. 그때 내가 한 테이블 앞에 걸음을 멈춘 채 어느 졸업반 남학생이 손으로 바느질해서 만든 빨간색 플란넬 셔츠를 응시했던 일이 기억난다. 또 한 학생이 직접 만든 생물 책에 말(馬)의 골격이 아주 아름답게 그려져 있던 것도 기억난다. 그런 다음 나는 공들여 만든 정교한 스테인드글라스 작품과 아름다운 캘리그래피 작품들도 보았다.

당시에 나는 대학을 졸업해서 학사 학위를 받은 상태였고 이제 막 석사과정이 끝나가고 있던 참이었다. 하지만 나한테는 그 고등학교에 다니는 학생들이 갖고 있는 능력들이 결여되어 있는 것 같았다. 나는 그 사실을 알게 되었고, 부당함을 느꼈다. 그러나 나는 이것이 내가 정말로 가르치고 싶어 하는 학교 형태라는 사실을 즉시 알았다.

머리, 가슴, 손이라는 세 가지 차원의 패러다임이 유치원과 초등학교 과정에서 중요하게 여겨지는 것만큼 고등학교에서도 중요하게 여겨진다. 그렇기 때문에 모든 학생들은 이 세 가지가 결합된 수업들을 듣는다. 즉 학구적인 이해력이 필요한 수업을 들을 뿐만 아니라, 손을 쓰는 기술을 익히는 수업에 참여하고, 예술적 능력을 발휘하는 수업을 받는다.

합창 수업, 돌로 조각하는 수업, 오이리트미(루돌프 슈타이너가 계발한 것으로 음악이나 언어에 맞춰서 몸을 움직이는 예술 형식이다. 대부분의 발도르프 학교에서 학생들에게 가르치고 있다) 수업에는 모든 학생들이 참여해야 한다. 왜냐하면 조화로운 개인들로 성장하는 데 이 수업들이 꼭 필요하기 때문이다.

또 균형 잡힌 교육이라는 틀 안에서 학생들은 자기가 원하는 과목들을 선택하도록 권장된다. 이 과목들은 대단히 기술적인 과목들(가령, 로봇공학)에서부터 삶의 가장 기본이 되는 과목들(가령, 철을 다루는 대장간 수업)까지 폭넓은 범위에 걸쳐져 있다. 또 컴퓨터 그래픽과 웹 디자인 같은 21세기형 과목에서부터 무반주 합창, 18세기 실내악, 시민권 운동을 깊이 있게 탐구하는 과목, 찰스 다윈(Charles Darwin)*의 《종의 기원》을 공부하는 과목들까지 아주 다양하다.

이런 선택 과목들이 졸업 후의 진로를 위해서 꼭 필요한 것은 아닐지라도 학생들은 이 과목들을 들으면서 자기의 관심사를 충족시킬 수 있을 것이다. 또한 자기의 이해력을 깊어지게 하고 자기가 가진 솜씨들을 완벽하게 만들어 나갈 수 있다.

사회적 책임과 시민으로서의 책임

고등학생들과 함께 지내본 사람이라면 누구나 알아차릴 것이다. 학생들이 놀라울 정도로 자기중심적이라는 사실을 말이다. 원래 10대 청소년들은 자의식이 강하고 자신에게 깊이 몰두하는 존재들이

* 찰스 다윈(1809-1882): 영국의 박물학자. 생물의 진화를 주장하고 자연선택에 의해 새로운 종이 기원한다는 자연선택설을 발표했다. 《종의 기원》은 그의 가장 유명한 저서다.

기 때문이다. 그런데 이 자연스런 특성에 뭔가 다른 것이 덧붙여지면 상황이 더욱 악화될 수 있다. 이런 이유 때문에 발도르프 학교에도 많은 학교들이 그런 것처럼 공적으로 제도화된 사회봉사 프로그램들이 있다. 이것은 10대 중후반의 청소년들이 사회를 제대로 인식하고, 사회적 책임감을 발휘하도록 돕는 역할을 한다.

발도르프 학교에서는 '해비타트(Habitat for Humanity)'* 나 '4월의 크리스마스(Christmas in April)' 같은 공적인 서비스를 제공하는 건축 프로그램들을 흔히 볼 수 있다. 왜냐하면 그 프로그램들은 학생들이 직접 그 일에 참가해 보는 기회를 제공하고, 다른 사람들을 구체적으로 돕는 방법을 제공하고 있기 때문이다. 프로그램의 전체 감독과 재료들은 지역의 건축 회사들이 제공하고 있으며, 학생들은 노인, 장애인, 불우한 사람들의 집을 수리하고 페인트칠하면서 주말을 보내곤 한다.

사회봉사를 위한 또 다른 기회는 지역의 무료 급식소에서 찾을 수 있다. 발도르프 고등학생들은 종종 반 전체가 그런 봉사 활동에 나서기도 한다. 가령, 학기 동안에 반 전체가 여러 번 지역의 보호소를 찾아가서 점심을 준비하고 봉사하는 것이다. 이러한 일들은 학생들이 자기의 관념적인 생각을 행동으로 직접 변화시켜 보도록 격려한다. 간단히 말해, 학생들이 자기 나라보다는 지구촌 전체를 생각하되 지역적으로 행동하도록 돕는다는 뜻이다.

---

* 해비타트: 빈곤층 사람들의 주거 정비를 지원하는 국제 조직으로 무주택 가정 및 열악한 주거 환경에 놓여 있는 사람들의 주거 문제 해결을 목적으로 설립된 봉사 단체다. 1976년 미국의 변호사 밀러드 풀러 부부에 의해 창설, 전 세계 95개 국가로 확장되었다.

지역적으로 행동한다는 것은 그것이 환경 관련 문제일 때도 똑같이 중요하다. 발도르프 학생들은 열대우림에서 벌어지는 환경문제들도 알아야 하지만, 자기 학교에서 일어나는 환경문제들도 제대로 인식할 필요가 있다. 발도르프 학교 학생회는 종이 사용, 점심 식사의 영양 문제와 포장 용기의 문제, 종이 판지나 플라스틱이나 알루미늄의 재사용 문제들에 관련해서 학교의 의사 결정 과정에 참여해야 한다.

이처럼 작은 결정들이 중요하다. 왜냐하면 그런 결정들을 통해서 발도르프 학생들은 우리가 가진 이상과 개인적인 편리 사이에 존재하는 충돌을 경험할 수 있기 때문이다.

작은 것이 아름답다

발도르프 고등학교는 카네기 재단이 미국 고등학교에 관한 연구에서 제안한 교육적인 목표들을 충족시키는 데 적합한 것들보다 더 많은 것들을 달성하고 있다. 그렇다고 우려가 전혀 없는 것은 아니다.

아마도 발도르프 고등학교를 향한 가장 일반적인 비판은 학교 규모가 너무 작다는 것으로 모아질 것이다. 학부모들, 학생들, 그리고 선생님들조차도 때로 학교가 너무 작다고 느낄 때가 있다. 보통 발도르프 학교에 등록한 학생들은 대략 100여 명 정도이며, 이들이 다양한 방식으로 사회적인 상호작용을 교환하게 된다.

이런 상호작용에는 큰 규모의 고등학교와 스포츠 경기를 할 때, 그 학교의 학생들한테 널리 퍼진 학교 정신을 드라마틱하게 경험하는 것도 포함된다. 또 큰 학교의 커다란 구내식당에서 벌어지는 전통적인 고등학교 장면, 시설이 훌륭한 체육관, 수가 많은 학생 동아리들을 경험하는 것도 포함된다.

학교 예산이 적다는 것은 학교 교직원 수가 적다는 것을 의미한다. 그리고 학생들이 매년 새로운 선생님을 만날 가능성이 많지 않다는 것을 뜻한다. 흔히 발도르프 유치원과 발도르프 학교가 같은 공간과 건물을 사용하기 때문에, 발도르프 학생들은 12년이나 14년 동안 똑같은 학생들, 똑같은 선생님들, 똑같은 공간에서 지내야 한다. 그래서 학생들은 이런 허물없는 친밀함에 대해서 종종 불평을 하곤 한다.

학생들이 규모가 작은 학교를 이런 식으로 이해하는 것은 작은 것이 불리하다는 인식이 있어서다. 하지만 '전국 중고등학교 교장 연합'이 최근에 실시한 미국 고등학교 실태 조사에 따르면, 작은 것은 결코 불리한 것이 아니다.

"이번 세기의 많은 기간 동안, 개혁가들은 작은 학교의 문을 닫고서 학생들을 훨씬 큰 학교로 몰아가려고 애를 썼다. 그런 큰 학교들은 공장을 본떠서 만든 모습을 갖고 있었다. 전문가들은 뛰어남의 필수 조건이 규모가 큰 것에 있다고 인식했던 것이다. 커다란 학교에 광범위한 과목을 개설하는 이런 패러다임은 교육적인 진보를 대표하는 전형이었다. 하지만 학생들은 공장 조립 라인의 부품들이 아니다. 그리고 지식은 공장에서 병에 음료수를 주입하는 것처럼 빈 용기에다 쏟아붓기만 하면 되는 상품이 아니다.

다시 말해서 지식은 자율성이 하나도 없는 그런 상품이 아니란 뜻이다. 규모가 큰 고등학교가 갖고 있는 이런 비인간적인 속성은 많은 청소년들로 하여금 배움의 과정에서 멀어지게 하는 역할을 하고 있다."[9]

규모가 작다는 발도르프 고등학교의 "약점"이 또한 이 학교의 장점이기도 하다는 점은 분명하다. 청소년들이 불편하게 느끼는 허물없는 친밀함은 또한 그들을 공동체의 일원이 되도록 만들기 때문이다. 발도르프 학생들이 서로를 잘 알고 있으며 서로 염려한다는 것은 확실하다. 또한 학생들의 행동과 모습에서 어떤 변화가 있다면, 그것이 눈에 띄지 않은 채 지나가는 일도 없다.

테오도르 사이저(Theodore Sizer)는 《호러스의 타협: 미국 고등학교의 딜레마(Horace's Compromise: The Dilemma of the American High School)》라는 책에서, 청소년 학생들이 추구하고 있는 익명성을 분명하고 통찰력 있게 보여 주고 있다.

"그녀의 이름은 멜리사였다. 그녀는 교실에 혼자 들어갔다… 어느 누구도 특별히 주의를 기울여서 바라보지 않았다. 멜리사는 선생님 왼쪽의 벽에 붙어 있는 책상으로 향했다… 그녀는 옆에 앉아 있는 친구들에게 아무 말도 하지 않았지만, 그들과 함께 있는 게 편해 보였고 옆에 있는 친구들도 그래 보였다. 그녀는 주변을 둘러보긴 하지만, 상냥하지도 무례하지도 않은 태도다. 특별히 누구를 알아보는 것도 아니고, 열정, 호기심, 적대감 같은 것들도 전혀 없어 보인다.

멜리사는 모두를 바라보지만… 활기찬 태도로 바라보지는 않았다. 그녀의 얼굴은 텅 비어 있고 조용했다. 즉 지루하고, 수용적이고, 신중한 기색이었다. 수업 시간에 선생님이 그녀에게 질문을 했다. 그녀는 표정에 아무런 변화도 없이 선생님을 쳐다보았다. 잠시 침묵이 흘렀다. (선생님은) 비난하는 기색 없이 친절하게 다시 질문했다. 또 다시 침묵. 나는 잘 모르겠다… 멜리사는 천천히 뭔가를 말했는데, 선생님이 수업 중에 했던 말을 다시 사용해서 몇 문장을 말했다. 그것으로 질문과 답을 주고받는 일을 끝내는 데는 충분했다. 하지만 선생님이 반대 질문이나 좀 더 철저한 질문을 이끌어 내기에는 충분하지 않았다.

멜리사는 수업에 무의식적으로 참여하지 않는 일에 선수였다. 그녀는 늘 구석에 앉아 있었다. 그녀는 많이 움직이는 학생이 아니어서 다른 사람의 관심을 끌지도 않았다. 그녀는 어떤 수업에서든 자기 생각을 표현하지 않았다. 질문을 받으면 주의를 기울이지 않았다는 선생님의 잔소리를 피할 수 있을 정도로만 그럴 듯하게 대답할 뿐이었다… 그녀는 교묘한 재주로 교육적인 부분에서 발뺌하는 데 상당한 기술을 지닌 학생이었다… 나는 멜리사가 그런 식으로 모든 학교생활을 해나갔음을 상상할 수 있었다."[10]

수업에 참여하지 않는 이런 태도는 선생님한테는 어려운 도전거리다. 전국의 많은 고등학생들이 아주 약간의 노력만으로도 수업에 교묘하게 참여하지 않고 있는 실정이다. 그런데 아무도 이 사실에 주의를 기울이지 않고 있다. 이런 상황과는 정반대로, 발도르프 고등학교는 학생들에게 익명성을 권장하지 않는다.

한 분의 선생님이 매년 300명이 아니라 대략 100여 명의 학생들을 가르친다면, 그 선생님은 가만히 앉아 있기만 하고 수업에 참여하지 않는 학생이 누구인지를 알아차릴 수 있을 것이다. 그리고 그 상황에 개입할 수 있을 것이다.

발도르프 학생들은 학생 수도 적고 크기도 작은 교실에 앉아 있기 때문에 선생님의 질문에 대답하는 일을 피할 수가 없다. 작은 반의 학생들은 자기를 잘 알고 있는 선생님과 얼굴을 가까이 맞대고서 수업을 하기 때문이다. 또 선생님은 아마도 학생들의 형제자매들까지도 잘 알고 있을 것이고, 주의 깊게 아이들을 관찰하는 분이기 때문이다.

게다가 안목이 있고 다양한 관점을 갖고 있는 고등학교 선생님들은 자기가 가르치는 학생들에 관해서 서로 논의하기 위해서 팀을 이루어 정기적으로 만날 것이다. 발도르프 선생님들이 매주 만나는 것처럼 말이다. 그러면 학생들한테 필요한 것이 무엇인지를 좀 더 분명하게 알 수 있기 때문이다. 이것은 전체가 부분의 총합보다 더 크다는 생각을 반영하는 태도다.

학교는 멜리사처럼 주변으로 물러나 있는 여학생들과 남학생들을 알아채고 대처해야 한다. 또 지나치게 자기주장이 강하고 공격적인 학생들의 문제도 해결해야 한다. 모든 고등학교에는 남녀 상관없이 불량배 같은 학생들이 몇 명씩은 있기 마련이다. 이들 중 어떤 학생들은 몸을 사용해서 거칠게 굴고, 어떤 학생들은 말이 거칠 것이다. 또 감정적인 방식으로 협박을 하는 학생들도 있을 것이다.

이런 학생들 역시 가만히 물러나 있기만 하는 학생들만큼이나 파악하기 어려운 요령부득의 학생들이다. 왜냐하면 이 학생들은 자기 동료들 뒤에 숨어 있는 경우가 많고, 앞으로 반항할 가능성이 있는 가면(페르소나) 뒤에 숨어 있는 경우도 많기 때문이다. 큰 학교들에서는 학생 수가 너무 많아서 이런 학생들이 눈에 잘 띄지 않는다. 하지만 작은 학교라면 아주 분명하게 눈에 띌 것이다.

고등학교에서의 균형 있는 발달

둘 중 어느 경우이든 간에, 이런 학생들과 직접 접촉함으로써 그들이 변화할 수 있도록 도와주는 열쇠는 선생님들이 쥐고 있다. 선생님이 학생들의 문제에 성공적으로 관여해서 변화를 이끌어 내는 일은 대단히 많은 노력이 필요한 일이다. 하지만 발도르프 고등학교에서는 머리, 가슴, 손이라는 세 가지 차원의 패러다임이 그런 노력을 뒷받침해 주고 있다.

수업에 열중하지 않는 학생과 지나치게 자기주장이 강한 학생은 균형 있는 발달이 이루어지지 않은 학생이라는 뜻이다. 수업에 열중하지 않는 학생은 내적으로 참여해서 몰두하는 마음이 부족한 학생이다. 이런 몰두의 마음은 발도르프 학교에서 아주 이른 시기부터 길러 주고 있는 의지에 관련된 측면이다.

활발히 참여하는 일 또는 의지의 발달은 발도르프 유치원 프로그램의 기초일 뿐만 아니라 초등학교 시기 동안에도 핵심이 되는 구성 요소다. 이 의지의 발달이 고등학교에서도 계속해서 발달하도록 북돋아 주어야 한다. 이것은 운동과 예술적인 활동, 수업에 적극 참여하기, 특별활동들을 통해서 이루어진다.

발도르프 고등학교는 학생들더러 스포츠 팀에 들어가고 연극 연습 등에 참여하라고 적극 권장한다. 그렇다고 무슨 적성을 검사해서 선발하는 것이 아니라 원하는 모든 학생들이 참여할 수 있게 한다. 이런 일들은 학생들이 몸을 써서 적극적인 활동을 하도록 격려하고, 뭔가에 몰두할 수 있는 기회를 다양하게 제공할 것이다.

통찰력 있는 선생님들은 멀리 내다볼 줄 아는 분이기 때문에, 혼자 있기 좋아하는 학생이 나중에는 달리기 선수가 될 수도 있다는 사실을 알아볼 것이다. 또 겉보기에는 운동을 못하는 것처럼 보이는 학생이 특출한 야구 선수가 될 능력이 있다는 것도 알아볼 수 있을 것이다. 또한 평소에 조용한 여자아이가 스포츠 경기의 일대일 수비에서는 흔들리지 않는 집중력과 헌신과 지성을 보여 줄 수도 있다.

이 학생들이 선생님들로부터 익숙하지 않은 상황에서 자기의 새로운 능력을 탐구해 보도록 격려와 지원을 받게 되면, 그들의 자신감이 커지게 될 것이다. 하지만 무엇보다도, 이런 활동적인 경험들을 하게 되면 참여하지 않으려는 마음을 근절시킬 수 있다. 그렇지만 학생들이 변화할 수 있다는 사실을 선생님들이 옹호하고 지지하지 않고서는 그런 변화가 일어날 수 없을 것이다. 이런 이유 때문에 많은 발도르프 고등학교에서는 모든 학생들에게 개인적으로 지도교사를 마련해 주고 있다.

비슷한 방식으로, 공격적인 학생 역시 균형 있는 발달이 결여되어 있는 상태다. 이런 경우에는 정서적인 측면이 제대로 발달되지 않았다고 볼 수 있다. 다른 아이들을 왕따시키는 불량배 기질의 학생들한테는 민감한 마음, 배려하는 마음, 연민 등이 놀라울 정도로 결여되어 있기 때문이다.

이런 학생들은 자기 반 친구들과 선생님에게 비판적인 판단을 내리며, 이 부정적인 판단을 종종 유감스러운 행동으로 표출하기도 한다. 이런 행동들은 때로 무정하고 잔인한 행동이 될 수 있다. 이런 무정하고 잔인한 행위를 하는 학생들한테는 정서적인 참여가 결여되어 있거나 왜곡되어 있다고 볼 수 있다. 그러므로 틀림없이 이 정서적인 측면이야말로 고등학교에서 학생들이 꼭 발달시키도록 북돋아 주어야 하는 측면이다.

공격적인 학생 안에는 예술적인 능력들이 잠자고 있는 경우가 많기 때문이다. 즉 음악적인 능력, 연극적인 재능, 시각예술적인 소질들이 가장 문제가 많고 공격적인 학생들 안에 잠재되어 있는 경우가 많다.

"나는 창조할 것이다. 중요한 것이 아닐지라도 구멍이라도 팔 것이다. 해볼 만한 게 없다면 신성모독이라도 행할 것이다." - 그웬돌린 브룩스(Gwendolyn Brookes)*의 성난 청소년들에 관한 연설에서[11]

고등학교에서 모든 학생들더러 예술적인 활동에 참여하도록 요구한다면, 문제 학생들은 자기의 좌절감을 배출할 수 있는 방법을

---

* 그웬돌린 브룩스(1917-2000): 흑인 최초로 퓰리처상을 받은 미국의 여류시인.

훨씬 쉽게 찾아낼 수 있을 것이다. 사실 문제 학생들은 누구도 미처 알아차리지 못한 숨은 재능들을 갖고 있는 경우가 흔히 있다. 그러므로 지도교사가 이런 학생의 음악적인 재능이나 연극적인 소질을 알아차릴 수 있을 만큼 그 학생을 가까이에서 관찰하고 또 충분한 통찰력이 있다면, 치유와 긍정적인 변화를 이끌어 내는 방법이 분명히 보일 것이다.

발도르프 교육만이 이 사실을 이해하고 있는 것은 아니다. 전국에 있는 어떤 교육가들도 이 사실을 잘 이해하고 있다. 청소년들이 자기 삶의 방향을 찾는 데 도움을 줄 수 있는 아주 소중한 도구가 예술이라는 사실을 말이다. 빌 쇼어(Bill Shore)는 최근에 쓴《자기 내면에 있는 대성당: 중요한 뭔가를 되돌려 줌으로써 자기 삶을 변모시키기(The Cathedral Within: Transforming Your Life by Giving Something Back)》라는 책에서 이 점을 잘 지적하고 있다.

"시카고 어린이 합창단은 가장 큰 규모의 합창단 중 하나로 미국에서 공연을 하고 있는 훈련된 집단이다. 지휘자인 낸시 카르스테트(Nancy Carstedt)는 음악을 아주 좋아한다. 그렇다고 음악만이 그녀가 하는 활동의 중심은 아니다. 그녀가 하는 중요한 일은 아이들의 삶을 안전하게 보호하는 일이다.

그녀는 아이들이 한 번도 상상해 본 적이 없는 세상 속으로 들어가도록 격려하고, 아이들이 연습을 하고, 몰두하고, 장점을 발견할 기회를 주면서 이 일을 성공적으로 해내고 있다… 그리고 필요한 일은 무엇이든지 해보도록 격려해서, 아이들이 뭔가를 창조하고 자기의 우수한 면들을 경험하게 해주고 있다… 이 합창단은 다양한 인종과 다양한 문화적 배경을 가진 아이들로 구성되어 있다. 또 모든 합창이 그러한 것처럼 조화를 이루는 것이 이 합창단의 주된 일이다."[12]

그렇지 않고 고등학교 프로그램이 예술교육을 무시하게 되면, 불행한 결과가 일어날 수도 있다. 작고한 음악교육가 찰스 파울러(Charles Fowler)는 이 점을 강조했다. "여러 학교들에서 내가 관찰한 바에 따르면, 학생들에게 예술교육을 허용하지 않는 학교들에서는 마약, 범죄, 무관심, 냉담함이 유행하는 경향이 있다."[13]

균형 되찾기

발도르프 학교 선생님들이 도전 거리를 안겨 주는 학생들과 함께 작업하게 될 때는, 두 가지 차원에서 이 일을 진행해 나간다. 선생님들은 먼저 문제가 되는 행동을 다루고, 그 다음에는 항상 변함없이 문제의 근본 원인으로 관심을 돌린다. 밖으로 노출된 문제들은 거의 언제나 학생한테 세 가지 중요한 능력이 골고루 발달하지 않고 한쪽으로 치우쳤거나 제대로 발달되지 않았음을 보여 준다.

사고, 감정, 의지라는 이 세 가지 능력의 발달은 발도르프 교육에서 핵심적으로 다루어지는 중요한 부분이다. 학생이 불완전하게 발달하게 되는 데에는 다양한 이유가 있을 것이다. 가령 잘못된 교육, 가정 문제, 생리적인 문제 때문일 수 있다. 어떤 경우이든 간에 가르침을 통해서 학생의 균형을 회복하려면, 선생님의 흔들리지 않는 헌신이 필요하다.

이와 같은 교육적인 이상이 단지 고등학교에서만 구체적으로 적용되는 것은 아니다. 오히려 발도르프 교육의 세 단계인 유치원, 초등학교, 고등학교 단계에서 모두 적용된다. 이때 기본이 되는 토대를 이해하는 것이 필요할 것이다. 즉 건강하게 발달하기 위해서는 학생이 마음 깊이 느끼게 하고, 실제적으로 행동하게 하고, 지적으로 사고하도록 교육해야 한다는 이해가 필요하다.

학교는 학생들이 자기가 할 수 있는 것들을 모두 깨달을 수 있도록 돕고, 인간으로서의 잠재력을 깨달을 수 있는 어른이 되도록 도와야 한다. 이것을 해낼 수 있는 유일한 방법은 선생님들이 균형 잡힌 방식으로 학생들을 가르치는 방법밖에 없다.

우리가 내는 목소리, 또 아이의 손을 잡고 있는 우리 손의 압력이 세상과 아이와의 연결을 북돋우거나 연결을 방해하는 역할을 할 것이다. 어린아이들은 우리의 태도를 통해서 세상이 무서운 곳인지 아니면 안전한 곳인지를 알아채기 때문이다.

6장_ 없어서는 안 될 중요한 부모의 역할

"부모인 우리에게 요청되는 것들이 때로 우리가 기대했던 것들을 넘어서는 경우가 있다. 말하자면 이런 것들이다. 부모로서 우리는 스스로가 한 사람의 괜찮은 인간으로 성장해 가야 하는 멋진 도전을 받아들여야 하며, 그와 동시에 아이에게 가능한 가장 최고의 봉사를 제공하겠다는 도전을 받아들여야 하는 것이다."

- 프랭클린 케인(Franklin Kane), 《인간으로서의 부모(Parent as People)》

오늘은 주중의 어느 저녁이고 교실은 예비 학부모들로 가득 차 있다. 그들은 발도르프 학교가 어떤 곳인지를 알아보고, 자기 아이한테 이 학교가 알맞은 곳인지를 알아보려고 매달 한 번씩 저녁에 열리는 학교 모임에 참석하러 온 것이다. 선생님들이 학교에 대해서 소개하면서 학교 프로그램의 기본적인 면들을 상세히 설명하고 있다. 설명이 막 끝나고 이제 질문들이 이어진다. 이런 경우에 항상 그렇듯이 어떤 사람이 묻는다. "이 학교를 졸업하고 나서 학생들은 주로 어떤 일을 하나요?"

이런 질문은 학교의 성공에 대해서 말할 기회를 제공할 것이다. 즉 예일 대학교나 스탠퍼드 대학교 같은 일류 대학에 간 학생들에 대해서, 체육 특기 장학금을 받는 학생들에 대해서, 또는 음악가나 성공한 사업가가 된 경우에 대해서 말할 기회를 제공한다. 하지만 발도르프 학교가 듣고 있는 온갖 명예로운 평판을 말하기 전에, 나는 항상 다음과 같은 점을 미리 덧붙인다. 즉 내가 경험한 바에 따르면, 훌륭한 성취를 이루는 학생들한테는 확실한 교육적인 지침과 분명한 기대를 제공해 주는 가족들이 있었다고 말이다.

이 말의 의미는 아이들이 보통은 부모와 함께 저녁을 먹고, 학교에 다니는 주중의 저녁에는 부모들이 가능한 집에 있고, 학생들이 쇼핑몰에서 쇼핑을 하거나 스포츠 경기를 보러 가거나 전화로 수다를 떨기 전에 숙제를 먼저 하는 게 옳다는 사실을 부모들이 알고 있다는 것을 뜻한다. 이런 부모를 둔 학생들은 학교 교육을 받는 것이 자기가 해야 할 일이란 사실을 이해하고 있다. 그리고 이 일을 잘해 내려면 자기가 최선의 노력을 기울여야 한다는 사실도 이해하고 있다.

선생님으로 지냈던 지난 25년간의 내 경험으로 분명히 알게 된 사실은, 교육과 관련된 방정식에서 부모의 역할 역시 없어서는 안 될 중요한 부분이라는 점이다. 부모와 아이의 관계나 부모와 선생님과의 관계는 실제로 의미가 있고 중요하다. 간단히 말해서, 부모가 아이의 교육을 지원하는 일에 시간과 에너지를 투자할 때 더 좋은 결과가 일어난다는 뜻이다.

"아이의 교육을 지원하려면 부모인 우리가 집에서 무엇을 해야 할까요?"란 질문은 어린아이를 둔 부모들이 중요하게 생각해 볼 질문이다. 그렇더라도 아이의 고등학교 시절 동안에도 역시 중요하게 물어보아야 할 질문이다. 아마도 부모가 해야 할 가장 최선의 출발점은 발도르프 교육의 중심인 활동, 감성, 지성이라는 세 가지 차원의 패러다임을 가정에서도 똑같이 적용하는 것일 것이다. 만일 자기 아이가 가정에서도 활동적으로, 정서적으로, 사려 깊게 참여하도록 도와준다면, 부모들은 학교와 마찬가지로 아이의 건강한 발달을 지원하고 있는 셈이다.

집안일에 활동적으로 참여하기

부모가 발도르프 교육을 받는 아이들을 지원할 수 있는 한 가지 방법은, 아이들이 가정에서도 활동적으로 참여하는지를 확인해 보는 것이다. 지난 50여 년 동안 학교 밖에서 시간을 보내는 아이들의 생활이 눈에 띄게 변화하고 있다. 그 중 하나는 아이들이 몸으로 하는 활동적인 참여가 극적으로 줄어들었다는 점이다.

옛날의 아이들은 학교가 끝나면 집으로 걸어갔고, 집에 도착해서도 놀기 위해서 곧 달려 나갔다. 일단 바깥으로 나간 아이들은 자전거를 타고, 롤러스케이트를 타고, 술래잡기를 하고, "깡통 차기"를 하며 놀았다. 아니면 그냥 뛰어다니면서 놀곤 했다. 옛날 아이들한테는 같이 놀 친구들이 있었고, 모두들 몸을 써서 활기차게 놀았다.

그에 비해 오늘날의 아이들은 스쿨버스를 타고서 통학을 한다. 때로 아이들은 아무도 없는 텅 빈 집에 혼자 들어가곤 한다. 이 아이들은 먹을 만한 것들을 대충 챙겨 먹고는 신문, 잡지, TV 리모컨이나 비디오 게임기를 들고서 소파로 향한다. 온종일 학교에서 의

자에 앉아 있다가 온 다음인데도 아이들은 또 앉아 있는 것이다. 그러므로 오늘날 아이들 사이에서 비만이 점점 더 큰 문제가 되고 있는 것이 그리 놀라운 일은 아니다.

활동적인 아이들은 이따금씩 가볍게 긁힌 상처나 타박상을 입는 것을 제외하면 아주 건강한 아이들이다. 그러므로 몸으로 하는 활동을 격려하는 노력의 일환으로 부모들이 아이들에게 어떤 활동들을 기꺼이 제시한다면, 아이의 건강한 발달에 기여할 수 있을 것이다. 또 바깥 활동과 실내 활동이 잘 균형을 이루는 일이 가족의 목표가 될 수도 있다. 아이들이 어릴 때부터 일정한 시간 동안 바깥에서 노는 일에 익숙해지도록 부모들이 도와준다면, 아이들이 필요로 하고 흔히 갈망하는 기운찬 놀이가 학교 밖에서도 아이들의 일상이 될 것이다.

불행히도, 오늘날의 아이들은 어른의 감독 없이 밖에서 자유롭게 노는 일이 더 이상 안전하지 않은 실정이다. 이런 이유 때문에 자기 아이들이 밖에서 시간을 보내기를 원하는 일하는 부모들은 주말과 휴일을 이용해서 이런 노력을 기울여야 할 것이다. 비록 일주일에 한 번이나 두 번 정도일지라도 정규적으로 밖에서 노는 일은 여전히 아이들을 보다 튼튼하고 기운차게 만들어 줄 것이기 때문이다.

자전거 타기, 산에 가기, 스케이트 타기, 낙엽을 긁어모으는 일처럼 어떤 일이든 간에 바깥에서 활동하는 데 익숙해진 아이들은 생명의 힘을 발달시켜 갈 것이다. 이 생명의 힘은 아이들의 주의력과 반응하는 힘을 강화시켜 줄 것이다. 또 이 힘은 아이들이 학교에서 이루어 내는 성취를 향상시켜 줄 것이다.

아이들은 실내에서도 역시 활동적으로 몸을 움직일 수 있다. 또 집에서 하는 일들을 활동적으로 도와주면서 유익함을 얻을 수 있다. 집에서 정기적으로 가사일을 하는 것이 아이들의 발달을 강화시켜 주기 때문이다. 아이들 역시 식탁을 치우고 화장실 청소하는 일을 일정한 순서와 형식으로 행할 수 있다.

이러한 습관들을 발달시키는 동안 아이들은 소중한 능력들을 배워 나간다. 이런 능력에는 커다란 일을 쉽게 처리할 수 있도록 작은 부분들로 나누는 식으로 자기의 노력을 조직하는 방법도 포함된다. 아이들은 또한 세부적인 것들에 주의를 기울이는 법, 끈기, 팀의 일원이 되는 법을 배워 나간다. 이처럼 아이들이 규칙적으로 일하는 것에 익숙해지게 되면, 일하는 능력이 점점 커지게 될 것이다. 그러면 어떤 상황이든지 간에 큰일들도 다룰 수 있게 되어서, 그 일에 겁을 먹거나 압도당하지 않을 것이다.

이런 노력들을 하면서 아이들이 얻게 되는 능력들은 또한 다른 것으로 쉽게 전환될 수 있을 것이다. 이 사실을 알게 되면 부모들은 아이들이 집에서 뭔가를 잘하는 것이 학교에서의 공부나 다른 활동들도 잘하도록 도와준다는 사실을 신뢰할 수 있을 것이다. 잠자리를 정리하는 일이나 설거지를 하는 일처럼 어떤 일이든 간에, 매일 아이들이 배워 가는 모든 일들이 끈기와 결단력이 발달하도록 도와줄 것이기 때문이다.

비록 10대 시절에는 눈에 띄게 무기력한 상태가 나타날지라도, 청소년 아이들이 "아무것도 안 하기"나 "그냥 빈둥거리기"로 선택할 때조차 여전히 활동적이고 싶은 숨은 욕망이 거기에 존재한다. 야생 체험 프로그램을 조직하는 사람이나 스포츠 팀과 관련이 있는 사람이면 누구나 알아차릴 것이다. 육체적으로 격렬한 활동을 하고 난 다음의 청소년 아이들이 얼마나 생기에 넘치고 활기찬 상태인지를 말이다. 부모들은 10대 아이들에게 몸을 쓰는 활동을 분별 있고 효과적으로 해보라고 격려하는 역할을 잘해 내야 한다.

대부분의 부모들은 스포츠 팀에 들어가서 활동하는 것이 맹렬한 운동을 하기 위한 수단이라고만 생각한다. 어떤 상황에서는 그것이 사실이기도 하다. 그렇지만 팀에 소속되어 활동하는 일은 육체적인 활기와 지구력을 제공하는 것 말고도 훌륭한 자질들을 계발시킬 수 있는 좋은 기회가 된다.

협력, 끈기, 빨리 결단을 내리는 법을 배우는 일 모두가 좋은 품성을 이루는 소중한 특성들이기 때문이다. 그렇긴 해도 아이가 스포츠 팀원이 된다고 해서 저절로 건강한 발달이 이루어진다고 보장할 수는 없는 노릇이다. 부모들은 전문화된 특정한 스포츠가 아니라 다양한 활동들과 다양한 스포츠를 해보라고 아이를 격려하고, 아이가 자기 관심사와 운동 능력 모두를 확장시킬 수 있게 해 주어야 한다.

때로 아이들에게 알맞은 활동이 그렇게 편안한 것이 아닐 수도 있고 비용이 드는 경우도 있다. 내가 가르친 여자아이 하나는 하키를 너무나 좋아했다. 아이는 하키 스틱을 자유자재로 휘두르는 수비수였을 뿐만 아니라 바이올린도 잘 연주했다. 또한 스케이트도 잘 탔고 글쓰기도 잘했다. 아이스하키 경기장을 나올 때 아이의 뺨은 항상 붉게 물들어 있었고 눈은 생기에 차서 반짝거렸다.

아이는 육체적으로 위협적인 면이 있는 이런 경기를 자기가 해낼 수 있으면서 또 조용한 소녀이기도 한 아이러니를 사랑하는 것 같았다. 그렇지만 아이의 부모는 하키 경기를 열렬히 좋아하는 사람들이 아니었고, 늦은 밤 시간대에 연습하는 것도 좋아하지 않았다. 또 원정 경기를 하러 아이가 장거리 여행을 가는 것도 좋아하지 않았다. 그래도 그들은 딸아이의 관심사를 지원해 주었다. 아이가 참여하고 있는 일들이 아이를 좀 더 완성된 사람으로 만들어 줄 것이라고 믿고서 말이다.

다양한 활동들을 해보는 것을 10대 아이들은 아주 좋아한다. 산악자전거 타기, 암벽 등반, 카약을 타는 일은 10대 청소년들에게 아주 인기가 많다. 왜냐하면 그런 일들은 청소년들한테 불가능해 보이는 일에 도전해 본다는 느낌을 주기 때문이다. 또 도전이 되는 어려운 상황을 이겨 내고 성공하게 되면 자부심이 커지고 자신감을 높여 주기 때문이다. 그렇긴 해도 청소년 아이들이 성취감을 느끼게 해주면서도 덜 위험한 방법들도 있을 것이다.

때로 청소년들은 뭔가 어려운 작업을 해내면서 자기가 추구하고 있는 자신감을 얻기도 한다. "수년 전에 캘리포니아 주는 청소년들에게 작업 프로그램을 제공한 적이 있다. 이것은 미국의 대공황 시기 동안에 연방 정부가 자금을 제공했던 '민간인 자연보호 청년단'의 프로그램과 비슷하다. 캘리포니아 프로그램은 청소년들에게 힘든 일, 낮은 임금, 장시간의 노동을 제공하겠다고 선전했다. 그런데 신청하는 청소년들이 너무 많아서 대기자 명단까지 있을 정도였다."[1] 이처럼 맹렬한 육체노동은 청소년들이 자신감을 기르도록 도와줄 것이다.

청소년들은 또 이런저런 기술들을 습득하면서 자부심을 기르게 된다는 사실도 쉽게 알 수 있다. 10대 아이들이 어른들처럼 뭔가를 할 수 있는 기술을 갖게 된다면, 그들의 자신감은 당연히 커질 것이다. 내가 아는 청소년 학생들은 다양한 분야에 관심이 많다. 여기에는 목공일, 자전거 수리, 응급처치, 가축을 기르는 축산일 같은 것들이 포함된다. 이런 능력을 갖게 된 10대 아이들은 자기가 쓸모 있는 사람이라는 느낌을 받을 것이다. 또 어른과 함께 일할 수 있는 기회를 많이 갖게 될 것이다.

이런 일은 청소년들에게 어른 사회로 들어가는 통과의례를 제공해 줄 것이다. 청소년들은 대부분 이런 통과의례를 거치기를 원하지만, 오늘날의 사회에서는 이 부분이 흔히 결핍되어 있다. 비록 몸을 써서 활동하고 싶은 욕망이 어린아이들한테서 가장 두드러지게 나타나지만, 10대 시기 동안에도 분명히 아이들의 중요한 권리라고 할 수 있다.

그렇긴 해도, 내가 부모 노릇의 역설적인 본성에 대해서 말하지 않는다면 무책임한 일이 될 것이다. 아이들이 몸으로 활동을 하도록 조직하고 격려하는 일은 가정에서 해야 할 중요한 일이다. 하지만 너무 지나치게 조직하는 것은 손해가 될 수 있다. 어른인 우리와 마찬가지로 아이들한테도 자유로운 시간이 필요하기 때문이다. 더욱더 많은 아이들이 한 주 동안 꽉 짜인 시간표대로 살아가고 있는 실정이기 때문이다.

아이들은 학교가 파하면 음악 수업이나 발레 강습을 받으러 서둘러 달려가고 있으며, 치열 교정을 하러 갔다가 말타기나 축구를 하러 달려가고 있다. 즉 자유롭게 쉴 수 있는 여유가 거의 없거나 전혀 없는 상태다. 하지만 아이들한테도 그냥 평온하고 잔잔하게 있을 수 있는 시간, 휴식하는 시간, 약간은 지루한 시간, 숨을 내쉴 시간이 필요하다.

집안일에 정서적으로 참여하기

아이들의 정서적인 발달은 학교에 들어가기 훨씬 전부터 시작된다. 태어나서 처음 몇 년 동안 부모가 아이들과 맺는 상호작용이 이 발달에 큰 영향을 미친다. 우리가 아이들을 품에 안고, 말을 걸어 주고, 노래를 불러 주고, 같이 산책을 하고, 야단을 칠 때, 아이들이 세상에 정서적으로 반응하는 법을 기르도록 돕고 있는 것이다.

우리가 내는 목소리, 또 아이의 손을 잡고 있는 우리 손의 압력이 세상과 아이와의 연결을 북돋우거나 연결을 방해하는 역할을 할 것이다. 어린아이들은 우리의 태도를 통해서 세상이 무서운 곳인지 아니면 안전한 곳인지를 알아채기 때문이다.

아이들이 세상을 안전한 곳으로 느끼도록 도와주는 일은 부모가 해야 하는 중요한 임무 중 하나다. 정해진 시간에 밥을 먹고 낮잠을 자는 일처럼, 일상을 잘 살아가는 간단한 일이 아이들을 안심시켜 줄 수 있다. 아이들은 그 일이 일어날 것이란 점을 예상할 것이기 때문에 세상이 이해할 만한 것이라고 여길 것이다. 이야기 시간, 노래 부르는 시간, 잠자기 전에 기도하는 시간 같은 특별한 일들을 규칙적으로 행한다면, 아이들은 그 시간을 보살핌을 받는 긍정적인 시간으로 기대할 것이고, 따스한 접촉을 고대하면서 기다릴 것이다. 이러한 시간들이 아이의 삶에 정서적인 견실함을 더해줄 것이다. '어린 시절을 위한 연합(Alliance for Childhood)'에서는 다음과 같이 지적한다.

"건강한 정서적 발달은 또한 다른 사람들과 맺는 상호작용이 없다면 제대로 생겨나기 어려울 것이다. 불행히도 오늘날의 아이들은 너무 많은 시간을 혼자 고립되어 지내고 있는 실정이다. 요즘 아이들은 밖에서 놀기보다 실내에서 더 많이 지내고 있다. 또 다른 아이들과의 접촉도 조직된 모임들, 클래스들, 팀들로 한정된 경우가 많다. 집에 있을 때도 아이들은 흔히 헤드폰을 끼거나 방문을 닫은 채 혼자 있는 경우가 많다. 자기 방에 핸드폰, TV, CD 플레이어, 컴퓨터 등이 있는 오늘날의 아이들은 참여하지 않고 뒤로 물러나서 혼자 있는 방법을 찾아내는 일이 아주 쉬워졌다. 그러므로 부모들은 자기 아이가 다른 아이들과 상호작용을 많이 하도록 격려할 필요가 있을 것이다. 오늘날의 아이들은 직접 얼굴을 보는 만남을 40년 전의 아이들보다 무려 3분의 1 정도밖에 하지 않는다고 한다. 불행한 사실이 아닐 수 없다."[2]

가정에서 직접 얼굴을 보는 만남이 일어나는 장소는 보통 저녁 식사 시간이다. 이 시간은 아이들이 다른 사람들과 말하는 법을 배우고, 분명하고 완전한 문장으로 자기 의사를 표현하는 법을 배우는 시간이다. 가장 중요한 것으로는 이 시간이 다른 사람의 이야기를 듣는 법을 배우는 시간이라는 사실이다.

요새 선생님들은 아이들 사이에서 다른 사람의 이야기를 듣는 능력이 점점 퇴보해 간다는 사실을 한탄하고 있다. 따라서 이 문제를 부모들이 해결하는 데 도움을 줄 수 있는 중요한 곳들 중 하나다. 그러나 많은 가정들에서 가족이 함께 밥을 먹는 저녁 식사 시간이 줄어들고 있다. 특히 아이들이 자라고 서로의 스케줄이 점점 복잡해지면서 더욱더 그렇게 되어 가고 있다.

아이들이 정서적으로 참여할 수 있는 또 다른 중요한 방법은 예술적인 표현을 하게 하는 것이다. 아이의 정서적인 발달을 지원하길 원한다면, 부모들은 가정에서도 아이들이 그림을 그리고, 노래하고, 악기를 연주하는 기회들을 제공해 주어야 한다. 이러한 시도들은 말로는 잘 표현할 수 없는 것을 표현하는 비언어적 방법을 아이들이 찾을 수 있게 도와줄 수 있을 것이다.

흔히 음악, 무용, 그림을 가르치는 일이 어린 나이에 시작되긴 하지만, 그런 활동들의 소중함이 대단히 커지는 시기는 오히려 대부분의 아이들이 그런 예술 수업을 중단하는 청소년 시기라고 할 수 있다. 시끄럽고 무질서한 10대 시절 동안에 청소년 아이들은 자기 안에서 갑자기 밀려오는 강한 감정들을 이해하고 표현할 수 있어야 한다. 그럴 수 있는 은신처나 피난처로써 청소년들이 음악, 시, 그림에 의지하게 하면 좋을 것이다. 부모들은 모든 나이의 아이들이 정서적으로 행복할 수 있도록 지원해 주어야 하기 때문이다.

아이들이 스스로 생각하도록 돕기

아이의 생각하고, 느끼고, 행동하는 세 가지 능력들은 서로 연결되어 있다. 아이와 함께 뭔가를 하게 되면 정서적인 유대감을 형성하는 데 도움이 될 것이다. 또한 부모가 아이에게 불어넣어 줄 수 있는 안전한 느낌과 행복감은 아이가 세상을 잘 받아들일 수 있게 해주고, 자기가 하고 있는 경험을 통해 세상을 배워 갈 수 있도록 도와줄 것이다.

제인 힐리는 《위험에 처한 마음》에서 이렇게 말하고 있다. "이야기를 나누고, 책을 읽는 아이들은 유리한 점을 많이 갖고 있다. 이 아이들은 귀를 기울여 듣는 법과 주의를 기울이는 법을 배우고 있기 때문이다."[3] 〈US 뉴스와 월드 리포트〉(2000년 10월 30일)에 실린 기사에서, 스텐리 그린스펀(Stanley Greenspan) 박사도 이와 비슷한 이야기를 하고 있다. "따스하고 애정 어린 관계는 지적인 발달을 위해서 아주 중요하다. 아이들은 서로 주고받는 이런 상호작용을 기반으로 해서 생각하는 능력과 자아상을 형성하기 때문이다."

아주 어릴 때부터 부모와 함께 질적으로 좋은 시간을 보낸다면,

아이의 지성이 자라도록 돕는 셈이다. 이런 시간은 부모가 아이와 사려 깊은 방식으로 상호작용을 하고, 마음을 기울여서 대화하고, 부모가 끊임없는 관심을 아이에게 주는 것을 뜻한다.

사고가 발달하도록 도와주는 다른 방법으로는 아이들을 새로운 경험에 노출시켜서 세상을 더 잘 이해하고 관심을 갖도록 해주는 것이다. 책읽기, 미술관이나 박물관 같은 곳으로의 견학, 자연을 경험하게 해줌으로써 부모는 아이의 시야가 넓어지도록 해주어야 한다.

10대 아이들이 자기의 관심사를 넓힐 수 있게 돕는 부모들은 중요한 일을 하고 있는 셈이다. 청소년 아이들은 두드러지게 틀에 박힌 경향이 있고, 많은 청소년들이 보통의 평범함에서 벗어난 일을 하는 것을 매력적이라 여기지 않기 때문이다. 그래서 다른 친구들이 다들 하고 있는 비디오나 영화 보기, 록 콘서트에 가는 일이 청소년들이 가장 선호하는 목록을 차지하는 것이다.

하지만 조금 다르게 좋은 연극을 보러 가거나 약간 먼 거리의 자전거 여행을 다녀오는 일을 하면서 얻었던 놀라운 즐거움들은 아마도 청소년들의 기억 속에 좋은 인상으로 계속 남아 있을 것이다. 그렇기 때문에 부모들은 청소년 아이들이 이런 경험들을 해보도록 격려하고 애써야 한다.

자라면서 아이들은 어릴 때는 분명한 방식으로 관심을 보였던 것들을 점점 마지못해 하는 시기를 거치게 된다. 그래서 훌쩍 커버린 아이들의 관심사가 무엇인지를 부모가 알아내는 일이 때로는 비밀첩보 활동 같은 것이 될 수도 있다. 즉 부모들은 어떤 표시가 있는지를 주의 깊게 살펴야 하고, 아이가 열의를 보이거나 공감하는 것이 있는지를 알아보기 위해서 아주 작은 힌트라도 놓치지 말고 간파하는 법을 배워야 한다.

이럴 때 부모에게 가장 필요한 것은 예민한 감각과 재치다. 왜냐하면 부모가 드러나게 자기 일에 관심을 보인다는 표시를 하면, 때로 청소년 아이들은 그 일에 참여하기를 즉각 거부할 가능성이 있기 때문이다. 이런 거부는 불행한 사태가 아닐 수 없다. 그러므로 부모 노릇은 일종의 춤추기와 같다고 할 수 있다. 훌륭한 춤꾼은 부드럽고 유연하면서 전혀 눈에 띄지 않는 방식으로 파트너의 동작을 리드하면서 영향을 미칠 수 있는 사람을 말한다. 부모도 이런 방식으로 청소년 아이들이 자기의 관심사를 계발하고 추구해 나가도록 도울 수 있어야 한다.

부모들은 또한 큰 아이들이 현재 일어나고 있는 문화적 · 정치적 사건들이나 스포츠 등에 관한 중요한 대화에 참여하도록 유도해야 한다. 그러면 아이는 생각하는 능력을 키워 나갈 수 있을 것이다. 청소년들은 나름대로 많은 의견들을 가지고 있으며, 특히 논쟁의 여지가 있는 문제들에 관해서는 더욱 그럴 것이다. 그러므로 부모는 그런 문제들을 이끌어 내고 그들이 말하는 것에 관심을 보여 주어야 한다.

부모는 다양한 주제들에 관해서 아이의 의견을 얻으려고 애를 써야 하며 주의 깊게 들어야 한다. 또 10대 아이들은 자기의 생각을 분명하게 표현할 수 있도록 격려를 받아야 하며, 부모들은 보다 깊은 수준에서 아이들이 사고를 하도록 도와야 한다. 무엇보다도 부모들과 선생님들은 독립적으로 사고할 수 있는 청소년들의 능력을 존중할 필요가 있다. 그리고 이 능력들이 앞으로 계속 성숙해질 것이라는 사실을 믿어야 한다.

청소년들이 흔히 옷을 자주 바꿔 입는 것처럼 자기 의견도 곧잘 바꾸는 것처럼 보일지도 모른다. 하지만 이것은 스스로 사고하는 능력이 보다 뚜렷해지고 있음을 보여 주는 긍정적인 신호라고 할 수 있다.

숙제라는 도전

발도르프 부모들은 아이의 교육을 위해서 많은 것을 투자한다. 시간, 노력, 때로 상당한 금액의 돈을 투자할 것이다. 이렇게 투자한 것을 잃지 않고 잘 지켜 내는 일은 부모가 다양한 방식으로 많은 일에 계속 참여한다는 것을 뜻한다. 실제로 발로르프 학교는 다른 사립학교들보다 숙제를 덜 내주는 편이다. 숙제는 초등학교 시절에 아주 조금씩 내주기 시작하며, 보통 초등학교 1학년과 2학년 때에는 숙제를 거의 내주지 않는다. 초등학교 3학년 때부터 숙제를 내주기 시작하는 게 일반적이다. 그때도 보통 10분이나 15분 정도면 숙제를 마칠 수 있고, 이틀에 한 번 정도로만 내준다.

초등학교 저학년 때 받게 되는 적은 양의 숙제만으로도 아이들이 학교에서 내주는 과제들을 해나가는 습관을 기르는 데 충분하다. 또 그 과제를 정해진 시간 안에 책임감 있는 태도로 해내는 습관을 기를 수 있다. 이때 부모는 아이가 정해진 일과를 해내가는 가운데 숙제를 할 수 있는 일관된 시간과 장소를 찾아내도록 도와야 한다.

숙제를 하는 일이 기본적인 규칙이 되어서 주의 깊게 행해진다면, 좋은 습관이 형성되고 있는 것을 뜻한다. 이런 습관은 아이들을 적극 격려해 줄 것이고, 학년이 올라가면서 받게 되는 더 큰 과제들도 점점 잘해 나갈 수 있을 것이다.

고학년 반에서도 학생들이 방과 후에 하는 활동적이고 창조적인 일들을 방해할 만큼 과도하게 숙제를 내주는 일은 드물다. 이 말은 모든 학생들은 매일 숙제뿐만이 아니라 신체적이고 예술적인 활동을 할 시간을 가져야 한다는 점을 학교가 이해하고 있다는 뜻이다. 고등학생이 될 즈음이면, 아이는 하루에 한 시간 가량은 악기를 연습할 필요가 있을 것이다. 10대의 소년 소녀들에게는 음악 연습 역시 중요한 활동이기 때문이다. 그러므로 스포츠 팀에서 활동하고 있으면서 음악 연습도 하고 있다면, 아이는 숙제하는 데 한두 시간 이상을 쓸 수는 없을 것이다.

사고하고, 느끼고, 의지를 가지는 이 세 가지 능력들은 모두 소중하고 가치 있는 능력들이다. 그렇기 때문에 가정에서도 역시 이 능력들이 잘 발달하는지를 지켜보고 격려해야 한다. 아이가 골고루 발달하도록 지원하는 교육을 소중하게 여기는 부모는 학교에서 숙제를 적게 내주는 것의 가치를 알아볼 것이다. 그래서 가정에서도 그런 입장으로 아이를 대할 것이다. 왜냐하면 아이들한테는 농구나 야구를 할 시간, 그림 그릴 시간, 춤출 시간, 악기를 연습할 시간, 얼굴을 보고 대화할 시간이 필요하기 때문이다. 또 집에서 식탁을 치우고 설거지를 하는 등 집안일을 돕는 시간도 필요하기 때문이다. 숙제가 너무 많아서 이런 일들을 할 시간을 아이들한테서 빼앗는다면, 아이의 발달을 강화하기보다는 오히려 위태롭게 할 것이다.

부모로서 힘을 가지기

발도르프 교육이 중요시하고 있는 아이 발달의 원리들을 이해하고 받아들이게 되면, 부모들은 학교에서 행해지고 있는 일들을 지원하려고 할 것이다. 그래서 집에서도 아이에게 도움이 될 만한 활동들을 선택해서 해나갈 것이다. 각 단계마다 발도르프 학교가 부모 교육을 하는 목표는 부모들이 힘을 갖고서 교육에 참여하도록 하기 위해서다.

부모들은 매주 무수히 많은 선택들을 해야 한다. 어떤 것들은 상대적으로 온화한 선택들이다. 아이가 디저트를 먹게 할 것인가 말 것인가 혹은 놀이 날짜를 잡을 것인가 같은 결정들이 그런 것들이다. 하지만 어떤 결정들은 아이의 교육에 좀 더 직접적으로 영향을 미치는 것들이다. 가령, TV 시청이나 컴퓨터 사용 시간을 어디까지 허용할 것인가 등이 그런 것들이다.

부모들이 발도르프 학교가 중요하게 여기는 세 가지 차원의 발달을 충분히 이해하고, 그 관점에서 아이가 집에서 하는 "활동들"이 어떠해야 하는지를 고려한다면, 즉시 관심이 집중되는 물음들을 묻게 될 것이다.

예를 들어, TV 시청과 관련해서 부모들은 이렇게 질문할 것이다. "TV 시청에 몰두하게 되면 아이의 활동적인 본성은 어떻게 될까? 또 지금 시대에 문제가 되고 있는 컴퓨터 사용에 몰두하게 되면 아이의 활동적인 본성은 어떻게 될까?" 특히 아직 어린아이들이 텔레비전을 계속 보는 일은 아이를 수동적이게 만들 것이다. 또 최면에 걸린 것처럼 무관심한 상태로 아이를 방치해 놓는 것이나 마찬가지일 것이다.

부모한테 두 번째로 떠오를 질문은 이런 것들일 것이다. "아이의 텔레비전 시청이 어떤 종류의 정서적 발달을 촉진시킬까?" 그것이 아이의 감수성과 안정감을 길러 줄까? 아니면 조숙한 성적 관심, 건방진 말대꾸, 두려움을 키워 주게 될까? (TV 광고의 목적은 우리의 관심을 끌어들이고 그 인상을 길게 지속시킬 목적으로 인간의 본능적인 도피 반응이나 공격 반응을 자극하는 것이다.) 또한 지적인 발달과 관련해서, TV 시청이 폭넓게 책을 읽으려는 의지에 어떤 영향을 미칠까? 뿐만 아니라 언어 발달과 주의력 지속 시간에는 어떤 영향을 미칠까?

이처럼 부모들이 물어야 할 질문들은 무수히 많이 있다. 그렇기 때문에 발도르프 학교가 하고 있는 일들 중 하나는 건강한 부모 노릇과 건강한 결정을 할 수 있도록 부모들에게 정보를 제공하는 일도 포함된다. 가정에서 일어나는 일은 결국 부모의 책임이라는 사실을 부모들이 이해해야 하기 때문이다.

부모 교육에 시간과 노력을 투자하는 일은 어떤 학교든지 내릴 수 있는 최선의 결정 중 하나다. 부모들과 교사들이 한 팀을 이루어서 아이의 필요를 충족시키는 일에 조화롭게 임한다면, 교육적으로 중요한 진보를 이루어 낼 수 있기 때문이다.

부모들은 아이의 교육적인 발달에서 대단히 중요한 부분을 담당하고 있기 때문에, 그들의 참여와 헌신을 절대로 과소평가해서는 안 된다. 부모들의 적극적인 태도와 기꺼이 지원하려는 태도는 학교에 견실함을 더해 주고, 아이의 교육적인 여정에 안정감을 더해 줄 것이다.

그분들은 선생님이라고 하는 강한 자기 정체성을 갖고 있었으며, 그 결과 자기가 하고 있는 일에 신념과 용기를 불러일으킬 수 있는 분들이었다.

7장_ 선생님의 여정

“많은 프로그램들이 외적인 방식으로 교육개혁에 영향을 미치려고 애를 쓰고 있는 중이다. 하지만 선생님인 우리가 가진 가장 직접적인 힘은 내면에서부터 온전히 개혁을 이루어 내는 일이다. 궁극적으로 온전한 인간으로의 변화는 우리가 만든 제도들 속에서 일어나는 것이 아니라, 선생님인 우리 가슴의 변혁을 통해서 일어난다.”

- 파커 파머(Parker Palmer)*, 《가르칠 수 있는 용기(The Courge to Teach)》

나는 메릴랜드 볼티모어에 있는 공립학교에서 한 그룹의 선생님들과 함께 연구할 기회를 가진 적이 있다. 이 학교는 학교 시스템을 성공적으로 운영했기 때문에 그 성공 사례를 보려고 방문객들이 찾아오는 그런 “모범” 학교는 아니었다. 오히려 이 학교는 시험 성적이 떨어졌기 때문에 시 당국에 의해서 재편성될 위험에 처해 있는 학교였다. 하지만 이 학교를 방문했을 때 나는 정말로 안심이 되고 마음이 든든해졌다. 아이들은 아주 유쾌했으며, 교장 선생님

* 파커 파머: 미국의 교육가, 작가, 사회운동가. ‘교사들의 교사’로 알려져 있으며, 영향력 있는 교육 관련 저서들이 있다. 《가르칠 수 있는 용기》, 《비통한 자들을 위한 정치학》, 《삶이 내게 말을 걸어올 때》 등이 번역되어 있다.

은 마음이 열려 있고 혁신적이었다. 그리고 교사라는 직업에 헌신하고 있는 선생님들은 여러 번 나를 놀라게 했다.

처음 그 선생님들과 함께 모임을 가졌을 때, 나는 초등학교 시절에 그들이 어떤 부류의 학생이었냐고 물어보았다. 그 선생님들더러 아이 시절로 돌아가 수업 시간에 안절부절 못하고, 몽상에 잠기고, 시계를 쳐다보곤 했던 자기의 학창 시절을 기억해 보라고 격려하고 싶었던 것이다. 그리고 그 선생님들이 자기의 예전 학교생활을 떠올리게 하는 데 성공했다. 하지만 그들의 반응은 나를 놀라게 만들었다. 그들은 거의 예외가 없을 정도로 자기 선생님들을 사랑했던 기억들만을 떠올렸기 때문이다.

어린 시절에 그들은 자기 학교를 사랑했고, 집에서도 학교 놀이를 했던 아이들이었다. 그들은 학창 시절에 자기가 가르치는 아이들에게 영감을 불러일으키는 선생님을 만났으며, 학생들에게 흥분을 안겨 주었던 선생님들을 만났던 행운아들이었다. 즉 자신의 전문 분야에서 열정을 널리 퍼트렸던 그런 선생님들의 학생이었고 그런 교장 선생님의 아이들이었던 것이다.

그렇기 때문에 그 학교의 선생님들은 이상주의를 지닌 채로 교사라는 직업에 발을 디딘 남녀들이었다. 또 선생님이란 존재는 한 사람을 변화시킬 수 있는 위엄 있는 직업에 종사하는 사람이라고 처음부터 믿고 있는 분들이었다.

아주 많은 교육가들이 이와 비슷한 이상주의와 희망을 갖고서 자기의 직업적 여정을 시작한다. 하지만 그 여정에서 모두가 살아남지는 못한다. 관료주의가 만들어 내는 균열들 때문에, 과중한 서류 작업들 때문에, 시험이라는 압력 때문에, 또 정치적 이해관계와 사업적 이해관계와의 무수한 타협들 때문에 냉혹한 냉소주의가 그 여정에 스며들기 때문이다. 이런 냉소주의는 교육에 대해서 아주 깊이 열렬하지는 않았던 선생님들의 열의와 헌신을 약하게 만들 것이고, 때로는 완전히 소멸시켜 버리기도 한다.

그러므로 훌륭한 선생님들은 스스로를 보호하는 법을 일찌감치 배운 분들이다. 이들은 자기가 가르치고 있는 교실의 수업이 끝나고, 개인적으로 자기의 이상에 충실하게 헌신한다. 그리고 다른 헌신적인 선생님들과 우정을 맺는다. 무엇보다도 이런 선생님들은 자기가 가르치고 있는 아이들에게 깊은 관심을 쏟고 친밀한 관계를 맺는다.

이들은 자기가 하고 있는 일이 아이들을 위해서 중요하다고 믿는다. 뿐만 아니라 자기 스스로를 위해서도 이 일이 중요하다는 인식을 갖고 있기 때문에 어려운 시기에도 잘 버텨 낼 것이다. 선생님의 일을 이런 식으로 이해하고 있기 때문에, 이들은 훌륭한 선생님이 되기 위해서 계속 헌신할 것이다.

무엇이 좋은 선생님을 만들까?

《가르칠 수 있는 용기》란 책에서 파커 파머는 이렇게 말하고 있다.

"잘 가르치는 일을 테크닉이 좋아서라고 말할 수는 없을 것이다. 잘 가르치는 일은 선생님이 지니고 있는 자기 정체성과 성실하고 통합적인 능력으로부터 나온다… 이런 주장을 하는 이유는, 수년 동안 내가 학생들한테 자기가 만난 훌륭한 선생님들에 대해 질문한 결과, 대부분의 훌륭한 선생님이 그렇다는 사실을 알게 되었기 때문이다.

학생들이 들려준 이야기를 듣다 보면, 훌륭한 선생님들이 모두 비슷한 테크닉을 활용한다고는 절대로 말할 수 없었다. 어떤 수업은 논스톱으로 쉬지 않고 진행되었고, 어떤 수업은 선생님이 별로 말을 많이 하지 않은 채로 이루어지곤 했다. 또 어떤 수업은 지금 배우고 있는 소재들을 가까이서 관찰하기도 했고, 어떤 수업에서는 느슨하게 상상력을 발휘하기도 했다. 어떤 수업은 선생님이 당근을 가지고서 가르쳤고, 어떤 수업은 채찍을 갖고서 가르쳤기 때문이다.

하지만 내가 들었던 모든 이야기에서 훌륭한 선생님들은 한 가지 공통적인 특징을 공유하고 있었다. 즉 그분들은 선생님이라고 하는 강한 자기 정체성을 갖고 있었으며, 그 결과 자기가 하고 있는 일에 신념과 용기를 불러일으킬 수 있는 분들이었다. 어떤 학생은 'A 선생님은 정말로 신념이 대단했다'고 내게 말해 주었고, 어떤 학생은 'B 선생님은 자기 과목을 가르칠 때 참으로 열정적이었다'고 말했다. 또 어떤 학생은 '정말이지 C 교수님의 삶이 바로 열정 그 자체였다니까요'라고 말해 주었다."[1]

효과적으로 잘 가르치는 선생님의 가슴과 영혼은 두드러질 정도로 자기가 가르치는 교실에 집중하고 있을 것이다. 또 활동, 감성, 지성이라는 세 가지 차원의 패러다임이 그 선생님의 수업에 적용되고 있음을 쉽게 관찰할 수 있을 것이다. 아이들이 자기 일을 활동적이고, 정서적이고, 사려 깊게 해내야 하는 것처럼 훌륭한 선생님도 활동적이고, 정서적이고, 사려 깊게 자기 일에 전념하고 있기 때문이다.

활동적인 선생님

처음 교사 생활을 시작했을 때 나는 뉴욕시 공립학교에서 헌신적인 젊은 교사로 일하고 있었다. 한 주의 수업이 끝난 매주 금요일 오후마다 우리 교사들 몇몇은 가까운 곳에 있는 술집에 모이곤 했는데, 그곳에서 우리는 맥주를 한잔씩 들이키며 우리 일에 대해서 이야기를 나눴다. 당시에는 이 모임이 유일한 교직원 모임이었다. 그곳에서 어려움을 겪는 아이들의 이야기가 오고 갔고, 학교 프로그램에 대한 생각들이 논의되었다.

이렇게 서로의 경험들과 성공들을 나누고, 또 실망들을 서로 공유하면서 우리는 일종의 교사 공동체를 형성하고 있었던 셈이다. 우리는 가르치는 일을 아침 9시에 시작해서 오후 3시에 끝나는 그런 직업으로는 결코 생각하지 않았다. 새로 부임한 선생님일지라도 이 사실은 항상 이해하고 있었다. 다시 말해서, 학교가 파해서 아이들이 집으로 돌아가고 난 다음에 우리가 하는 일이 다음날의 성공적인 수업을 결정한다는 사실을 이해하고 있었다는 뜻이다.

대학원생으로 발도르프 교사가 되려고 공부하고 있었을 때, 나는 선생님의 책임이라고 할 수 있는 이 점을 아주 분명하게 알 수 있었다. 나를 가르친 교수님 한 분은 이 점을 다음과 같이 간단명료하게 표현했다. "많은 사람들이 오전 9시부터 오후 5시까지 일을 하고 있습니다(아무튼 더 일할 때도 있긴 하지만요). 그리고 교사인 여러분은 아침 9시부터 오후 3시까지 일을 합니다. 그러므로 여러분은 오후 3시부터 5시까지는 다음날의 수업을 준비해야 할 필요가 있습니다."

이처럼 매일 두 시간 가량 다음날 수업을 준비하는 일은 하루의 내 일을 완결 짓는 기준이 되어 갔다. 학교가 파하더라도 나는 여전히 두어 시간을 더 일해야 한다는 것을 알았던 것이다. 나중에 집에 돌아가서 그 일을 할 수도 있었고, 아니면 교실에 그대로 남아서 곧바로 할 수도 있었다. 이것은 나의 선택 사항이었다.

때로는 몸을 써서 그 일을 해야 할 때도 있다. 책걸상을 정돈하고, 수납장을 치우고, 교탁을 닦고, 화분에 심어져 있는 식물의 죽은 잎들을 떼어 내고, 게시물들을 바꾸는 일 등을 했다. 때로 약간의 기술이 필요한 것일 때도 있다. 가령, 수학 시험지를 채점하고, 학생들의 작문을 고쳐 주고, 다음날 수업할 것을 연구 조사하는 일을 했다. 어떤 때는 뭔가를 깊이 성찰하는 일이기도 했다. 즉 다루기 힘든 아이에 대해 생각하고, 실패한 수업의 원인을 평가해 보고, 수업을 보다 활기차게 만들 수 있는 방법을 탐구했다.

가끔은 내 준비 작업이 한 분야에서 다른 분야로 즉각 흘러갈 때도 있다. 가령 내가 어떤 아이의 책상을 옮기고 있는데, 책상 안에 든 내용물이 바닥에 폭포처럼 떨어져서 아이의 내적이고 미스터리한 지성소가 드러날 때가 있다. 그 내용물들을 주워 들 때 나는 그 특별한 아이의 세계가 보여 주는 독특한 면을 흘끗 엿보게 된다. 그러면서 우리 반 학생들에 대해서 내가 알아야 할 것이 여전히 얼마나 많은지를 새삼 깨닫는 것이다. 이런 식으로 나는 매일 방과 후에 어떤 준비를 하고, 주말에는 그동안의 작업들을 가지고서 하나의 기반을 만들어 내는 일을 한다. 나에게 가르친다는 일은 단순히 봉급을 받는 그런 직업 이상의 것이다. 이 일은 나의 소명이었다. 즉 내가 온 마음을 바쳐서 하는 일이었다.

발도르프 선생님으로 지내면서 내가 사랑했던 작지만 예외적인 사건들이 무수히 많았다. 그 중 하나는 선생님들이 학교 건물에 자유로이 드나들 수 있는 열쇠를 받은 것이다. 예전에 뉴욕시의 공립학교 선생님이었을 때는 그런 자유를 갖지 못했기 때문이다. 그래서 어느 때고 학교에 자유로이 들어가서 내가 맡은 교실에서 작업을 할 수 있다는 것이 얼마나 큰 사치인지를 나는 알고 있었다.

발도르프 학교에서 이런 유리한 기회를 갖게 된 나는 종종 일요일 오후에 학교로 가곤 했다. 언제나 변함없이 학교 주차장에는 몇 대의 차들이 주차되어 있었다. 공치는 연습을 하려고 일찍 온 야구팀 학생들과 야구에 대한 사랑을 공유하고 있는 선생님들이 주차해 놓은 자동차들이었다. 나는 항상 멈춰서 그들에게 인사를 건넸지만 오래 이야기를 나누지는 않았다. 우리는 각자 할 일이 있어서 이곳에 온 것이니까 말이다. 내가 그들과 간단히 인사를 나누는 이유는 선생님들이 각자 자기가 맡은 일을 열심히 하는 것을 내가 얼마나 사랑하고 감사하고 있는지를 전하고 싶었기 때문이다.

정서적으로 활기찬 선생님

훌륭한 선생님들은 학교에 일찍 오고 늦게까지 머문다. 그들은 몸이 아파도 대리 선생님을 요청하기보다 되도록 자기가 수업을 하려고 할 것이다. 또한 퇴근 후에도 학교 일을 기꺼이 하는 선생님들이다. 때로 그들은 자기 학생들이 나오는 꿈을 꾸기도 하며, 학생들에 관해서 다른 사람들과 이야기 나누는 것을 좋아한다. 간단히 말해서, 훌륭한 선생님이란 학생들에게 마음을 쓰는 분을 말한다.

훌륭한 선생님은 학생들에 대해서 염려를 하고, 아이들이 힘든 시기를 겪을 때 곁에 있어 줄 것이다. 훌륭한 선생님은 자기가 맡은 아이들을 사랑한다. 하지만 교사가 된 초기 시절의 나는 이 말이 정확히 무엇을 의미하는지를 궁금해 했다. 나는 이것이 내가 해야만 하는 중요한 일이라고 느꼈지만, 정확히 어떻게 해야 하는지를 잘 몰랐던 것이다.

선생님인 우리를 기쁘게 해주고 우리와 마음이 맞는 사랑스런 아이들은 언제나 있었다. 하지만 어려운 도전 거리를 안겨 주는 아이들에 대해서는 어떠할까? 교사인 우리가 그들을 사랑하기 위해서는 어떻게 해야 하는 것일까? 그런 의문들을 품고서 교사 생활을 하던 어느 날 나는 그 답을 알게 되었다.

그날 나는 약간의 문제 행동을 하고 있는 아이 때문에 부모와 상담을 하고 있었다. 상담 시간에 나는 아이 어머니에게 그 아이가 지닌 문제들에 관해서 집중적으로 설명을 하고 있었다. 아이는 수업을 못하게 방해하고, 공부 시간에 부주의하고, 자기가 해야 할 과제는 대부분 마무리되지 않았으며, 숙제도 어쩌다 한 번 제출할 뿐이라고 말이다. "네, 알고 있습니다." 낙담한 목소리로 아이 어머니가 말했다. 그런 뒤에 갑자기 그녀의 얼굴이 밝아지더니 미소를 지으면서 이렇게 덧붙였다. "그렇긴 하지만, 그 애는 활기차고 생기 넘치는 아이이지 않나요?" 이것은 부모의 사랑을 보여 주는 완벽한 모범이었다.

학교 모임이나 학부모와의 대화 시간에 부모들의 이야기 특히 어머니들의 이야기를 귀 기울여 들으면서 나는 깨닫게 되었다. 아이를 깊이 사랑하는 부모들은 언제나 변함없이 이런 태도를 갖고 있으며, 이런 태도가 정말로 중요한 것이라고 말이다. 부모들은 아이 속에 존재하는 가장 훌륭한 점들을 언제나 변함없이 알아보는 사람들이다. 한 사람의 선생님으로서 나 역시 아이 속에 있는 장점들을 항상 알아볼 필요가 있었다.

모든 곳에 존재하는 훌륭한 선생님들처럼 발도르프 선생님들은 자기가 가르치고 있는 아이들에게 전념한다. 또 아이들이 애써 숨기려고 할 때조차도 아이들 속에 있는 가장 좋은 면들을 보려고 노력한다. 그들은 선생님과 학생 사이에 이루어지는 관계가 아주 중요하다고 보기 때문에, 아이들과의 관계에 전념하고 그럴 기회를 잡기 위해서 애를 쓴다. 선생님이 보여 주는 무조건적인 관심과 책임이라는 토대 위에서 이런 관계가 형성된다면, 학생들은 성공적으로 잘해 나갈 수 있을 것이다.

발도르프 학교에서 선생님들이 자기 학생들을 책임지려고 하는 이런 감정은 하루가 끝나서 집으로 갈 때도 선생님이 가져가는 중요한 감정이다. 많은 발도르프 선생님들이 잠자기 직전까지 자기 학생들에 대해서 생각할 것이다. 또 아이들의 가장 좋은 모습을 마음속에 그려 보려고 애를 쓸 것이다. 발도르프 선생님들은 이 일을 꾸준히 할 수 있을 정도로 학생들에게 마음을 쓰고 있다. 그런데 이 간단한 사실이 아주 큰 변화를 만들어 낼 수도 있다.

수업에 감정을 불어넣기

발도르프 학교에서 선생님들이 직면하는 제일가는 도전 거리 중 하나는 매일 이루어지는 수업에 정서적인 감정을 불어넣어서 수업이 활기를 띠게 만드는 일이다. 천문학, 역사, 그리스 신화 같은 과목들은 이런 일을 시도하기에 적합한 과목들이다. 하지만 수학 계산이나 문법 수업 같은 과목들은 어떻게 해야 할까?

수업을 새롭게 변모시킬 수 있는 비밀은 선생님이 자기 수업을 상상력이 풍부한 방식으로 만드는 능력에 달려 있다. 또한 그 과목을 새롭게 가르칠 수 있는 방법을 잘 알고 있는 능력에 달려 있다. 또 선생님들은 자신과 아이들과 살아가고 있는 이 세상과 관련해서 어떤 감정을 지니고 있어야 하며, 자기가 가르치고 있는 것들과 정서적인 연결을 맺고 있어야 한다. 캐나다 교육가인 키런 에건(Kieran Egan)은《가르침과 배움에서 필요한 상상력(Imagination in Teaching and Learning)》이란 책에서 이 점을 분명하게 표현하고 있다.

"내가 주장하고 싶은 것들은 다음과 같다. 즉 학생들은 전형적으로 풍부하게 살아 있는 상상력을 발휘할 수 있으며, 어른들보다 훨씬 상상력이 풍부하다. 하지만 우리가 흔히 학교 교과목으로 가르치는 것들은 상상력이 풍부한 아이들의 내적인 활동을 억누를 때가 많다. 또 아이의 기를 꺾는 방식이라고 할 수 있는 예측 가능한 가르침과 정답을 도출하는 데 그 목표가 있는 경우가 많다. 아무튼 교과목의 내용과 관련된 한에서는 그런 경우가 많다는 뜻이다… 그런데 선생님들에게 아이들의 마음을 움직일 수 있는 이미지들을 만들어 내라고 요청하는 일은, 제일 먼저 선생님들 스스로가 자기 수업과 관련된 감정들을 활기차게 만들어야 한다는 것을 의미한다."[2]

이처럼 선생님들이 자기가 하는 수업에 깊은 감정을 느끼게 되면, 학생들도 똑같은 식으로 응답할 것이다.

몇 년 전에 나는 초등학교 3학년 아이들에게 말하기의 한 부분으로 문법을 가르치고 있었다. 이 과목을 아이들 수준에 알맞게 만들기 위해서 나는 발도르프 선생님들이 일반적으로 가르치는 방식을 따랐다. 즉 이 수업을 아이들이 직접 느낄 수 있는 알맞은 방식으로 가르치려고 동사들에 "행동하는 단어들"이라는 새로운 이름을 붙여 주었다. 나는 칠판을 깨끗이 지우고 나서 아이들에게 자기들이 행동할 수 있는 것들을 말해 보라고 했다. 아이들은 처음에 내 질문에 당황했는지 천천히 대답했다. 하지만 조금 지나자 아이들은 내가 묻고 있는 것이 무엇인지를 알아차리기 시작했다. “나는 달린다”, “나는 색칠한다”, “나는 노래한다”, “나는 춤춘다”, “나는 뛰고… 걷고… 글을 쓰고… 던진다”. 그러면 나는 그 각각의 문장들을 칠판에다 쓰면서 그 동사들을 적어 나갔다.

갑자기 한 아이가 장난기가 가득 넘치는 얼굴로 이렇게 말했다. “나는 걷어찬다.” 다른 아이들은 그 아이의 말을 즉시 알아들었고, 교실은 킥킥거리는 웃음소리로 가득 찼다. 나는 간단히 칠판에다 ‘걷어찬다’라는 동사를 쓰고 계속했다. ‘산에 가다’, ‘노래하다’, ‘웃다’, ‘잠자다’, ‘먹다’ 같은 일련의 단어들이 나온 다음에, 또 다른 장난꾸러기가 ‘나는 한방 날린다’라는 말을 했다. 아이들은 다시 킬

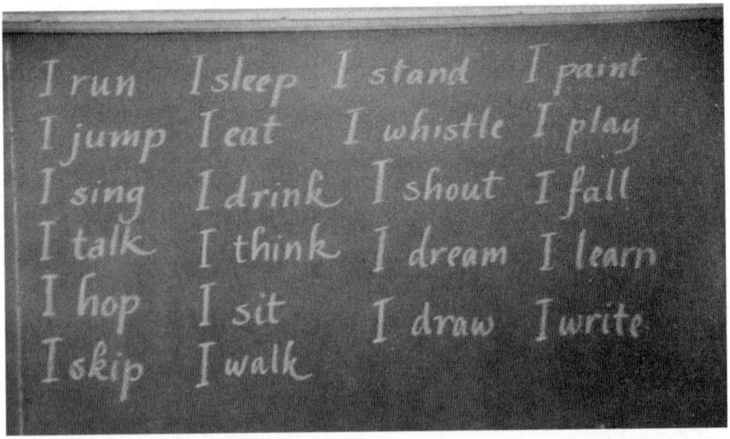

© Jerilyn Ray-Shelley

킬대며 웃었지만 나는 칠판에 쓰인 다른 행동하는 단어들 옆에다 '한방 날린다'를 써넣었다. 오래지 않아 칠판 전체가 동사들로 가득 찼는데, 거의 100여 개 정도 되었다. 그리고 이것들은 모두 아이들이 행동할 수 있는 것들을 시각적으로 보여 주는 기념물이었다. 또한 우리 학교에서 개발되고 있는 다양한 방식에 대한 증거였다.

그런 뒤에 진짜 교육을 하는 순간이 찾아올 때가 있다. 아이들의 감정에 호소해서 가르치는 일을 가장 잘해 낼 수 있는 순간은, 선생님이 진정한 삶과 관련된 수업으로 가는 문지방을 스스로 발견하는 순간들일 것이다. 나한테 이런 순간은 그 문법 수업 중에 아이 하나가 다음과 같이 물었을 때 일어났다. "왜 '노래하다', '춤추다', '그림 그리다', '미소 짓다' 같은 좋은 단어들만 이렇게 많아요? '걷어차다', '한방 날리다', '때리다', '욕하다' 같은 단어들은 적은데 말예요."

나는 깜짝 놀랐다. 동사를 익히는 간단한 문법 수업이 갑자기 인간의 자유와 책임감에 관한 수업으로 갈 수 있는 기회가 되었기 때문이다. 이런 순간들이 바로 진정한 삶에 관해서 아이들이 배울 수 있는 기회인 것이다. 즉 살아가면서 우리는 자기의 행동을 실제로 선택할 수 있다는 것을 배울 기회가 된다.

훈육에 올바른 감정을 불어넣기

일반적으로 선생님들이 정서적으로 반응하는 데 별 문제가 없는 영역이 있는데, 그것은 훈육과 관련된 영역이다. 종종 학생들은 어떤 행동들을 해서 가장 차분한 선생님조차도 강한 감정으로 반응하지 않을 수 없게 만들곤 한다. 하지만 발도르프 선생님들이 정서적으로 반응해야 한다는 교육을 받았을지라도, 분노, 성급함, 좌절감은 그들이 추구하고 있는 정서적 반응은 아닐 것이다.

매사추세츠 공립학교 선생님이자《제로에서부터 시작하기(Starting from Scratch)》란 책의 저자인 스티븐 레비(Steven Levy)는 훈육을 해야 할 상황에서 선생님이 어떤 식으로 올바른 감정을 끌어내야 하는지 그 훌륭한 실례를 보여 주고 있다. 그리고 선생님이 사랑에 차 있으면서도 권위를 가진 사람이기도 한 미묘한 균형을 어떻게 성취하고 있는지를 잘 보여 주고 있다.

"훈육을 하는 일에서 어려운 도전 거리는 선생님이 품위 있는 친절함과 정의로움을 동시에 표현해야 한다는 점이다. 규칙을 위반한 학생은 보통 부적당한 행동을 한 아이이다. 그렇지만 훈육을 받으면서 그 아이는 비밀리에 사기가 북돋워지고 격려를 받아야 할 필요가 있을 것이다. 만일 반 아이들이 다 있는 곳에서 혼을 내서 아이가 부끄러움을 느끼게 만든다면, 부정적인 결과가 나타날 것이다. 다른 한편, 반 아이들은 정의가 이루어졌다는 사실을 알 필요가 있다. 또 나쁜 짓이 벌을 받지 않고 그냥 넘어가는 일은 없다는 사실을 알 필요가 있다. 종종 나는 나쁜 짓을 한 아이한테 벌을 집행하기 위해서 학교에 있는 비밀의 방을 활용하곤 한다.

'레비 선생님, 존이 고무줄로 계속 나를 때리고 있어요.' 나는 엄격한 얼굴로 말한다. '존, 지금 당장 나와라.' 우리는 비밀의 방으로 같이 걸어간다. 교실은 숨죽인 소리로 수런거린다. '와, 존은 이제 야단맞을 거야.' 그러는 동안 비밀의 방에서는 다른 일이 벌어지고 있다. '존, 우리가 토론을 할 때마다 너는 말하겠다고 적극 손을 들곤 했잖아. 그때마다 나는 네 말을 듣고 싶어서 기다릴 수가 없을 지경이었단다. 그만큼 너는 우리 반 친구들한테 흥미로운 관점을 제공해 주는 아이야. 반 친구들은 너의 재능이 필요해. 너는 특별한 이유로 우리 반에 있게 되었거든. 그래서 네가 너의 재능을 나눠 주지 않는다면, 우리 반은 결코 제대로 되어 가지 못할 거야. 너도 그럴 것이고. 이해하지? 자, 우리한테는 네 안에 있는 최선이 것이 필요하단다.' 존은 동의의 뜻으로 고개를 끄덕인다. 우리는 진지한 태도로 교실로 되돌아간다. 반 아이들은 정의가 이루어졌다고 믿는다. 그리고 존은 비밀리에 격려를 받았으며 사기가 북돋아졌다. 반을 소란스럽게 만드는 경향이 있는 많은 아이들의 경우에 그들이 필요로 하는 것은 전부…

나는 어떤 식으로든 초등학교 4학년 반에서 훈육을 실시하려고 애를 쓰고 있었는데, 이때 약간의 유머가 크게 도움이 되었다. 예를 들어, 나는 침묵해야 한다는 것을 알릴 때 쓰는 종을 하나 갖고 있다. 수업 중에 아이 하나가 계속해서 떠들어 대면, 나는 그 아이더러 종을 위해서 식사를 제공하라고 요청한다. 종이 분명히 너무 약해진 것 같다고 하면서 말이다. 왜냐하면 그 아이가 종소리를 듣지 않았기 때문이라고 하면서 종은 영양분이 필요하다고 이야기한다.

그 종은 아이들이 수업을 아주 좋아해 주고 칭찬해 주는 것을 양분으로 삼아서 살아간다고 말한다. 그래서 우리 반 아이들이 쓴 가장 훌륭한 글쓰기들 중 몇 개는 그 종한테 쓰는 편지들이거나 시들이 되었다. 물론 나는 대단한 격식을 갖추어서 그것들을 아이들과 종에게 읽어 준다. 그런 다음 종으로 하여금 그 내용을 완벽하게 소화하도록 돕기 위해서 그 글들 위에다가 종을 놓아준다.

[다음은 레비 반 학생들 중 한 명이 종에 관해 쓴 시다.]

오, 종이여, 그대의 울음소리를 무시하는 바람에,
내가 위험 속으로 떨어질까 봐 두렵네.
나는 아직 그리 훌륭한 사람은 아니라네.
오, 모든 종들 중에서도 가장 위대한 종이여,
그대의 울부짖음은 온 우주를 울린다네.
하지만 나는 듣지 못하리.
나는 그대의 비천한 종(하인)이라네,
부디 나를 용서하시길!"[3]

정서적으로 반응할 줄 아는 선생님은 보다 쉽게 창조적인 선생님이 될 수 있을 것이다. 자기가 가르치고 있는 과목에 정서적으로 투자할 때, 선생님들은 자기 안에 존재하는 보다 깊은 부분과 작업하기 시작할 것이다. 그러면서 진정한 자신의 모습에 보다 가까이 다가갈 것이고, 동시에 훨씬 진솔하고 독창적인 사람이 될 수 있을 것이다. 이와 같은 진정성과 권위를 지닌 영향력이야말로 진정한 권위의 핵심을 이루는 것이며, 이것은 권위주의와는 전혀 다른 것이다.

사고하는 선생님

자기가 가르치는 학생들과 정서적으로 관계를 맺고 싶은 선생님들이 직면하는 역설은, 그들 스스로가 또한 사고를 해나가야만 한다는 점에 있다. 선생님인 우리는 세상과 자신을 분리시키는 객관성이라는 시대적 경향에 거슬러서 행동해야 한다. 교육가들이 애정 어린 태도와 지성적인 태도를 결합할 수 있도록 많은 연구를 했던 파커 파머는 이렇게 이야기하고 있다.

"우리가 어떤 것으로부터 거리를 두게 되면, 그것은 이제 대상이 되어 버린다. 대상이 되어 버린 것들은 우리를 감동시킬 수 없고 우리를 변모시키지도 못한다. 그렇기 때문에 앎이란 것은 관계를 추구하는 인간적인 방식에서 나와야 한다. 앎의 과정에서 불가피하게 우리를 변화시키는 뜻밖의 만남과 서로 주고받는 일이 일어나야 한다."[4]

선생님이 자신의 상상력에 사고를 스며들게 한다면, 가르침은 생기를 띠게 될 것이다. 배움은 단지 지식을 습득하는 것만을 뜻하지 않는다. 오히려 앎을 경험하는 일이 되어야만 한다.

대공황 시기나 루스벨트 대통령(Franklin Roosevelt)*의 뉴딜 정책** 같은 단순한 역사적 주제들도 선생님이 어떻게 준비하느냐에 따라서 생생한 활기를 띤 수업이 될 수 있다. 즉 파산한 은행들 앞에 줄지어 늘어선 사람들의 모습을 아이들이 떠올려 보게 할 수 있다. 또 거리에서 사과나 연필들을 팔고 있는 실업자들의 모습, 젊은이들이 집을 떠나서 공원에 임시 거처를 짓거나 이동 주택을 짓는 모습을 떠올려 보게 할 수 있다.

이런 식으로 수업을 하게 되면, 아이들은 1930년대 시기 동안에 무슨 일이 있었는지를 경험하기 시작할 것이다. 그리고 '연방예금보험공사(FDIC)', '민간 자연 보존단(Civilian Conservation Corp)', '실업보험' 같은 용어들의 의미가 새롭게 다가올 것이다. 사고는 상상력을 통해서 더욱 활발하게 이루어지기 때문이다. 또 아이들이 역사적으로 다른 시대를 경험하도록 도와주는 가장 효과적인 방법은 아마 연극을 통해서일 것이다. 연극 공연을 연습하면서 학생들은 그 시대로 가볼 수 있기 때문이다. 의상과 무대장치들을 준비하면서 지금과 아주 달랐던 그 시대를 느껴 보고, 공연을 하면서는 그 시대의 분위기를 충분히 이해해 보는 것이다.

---

* 루스벨트 대통령(1882-1945): 미국의 32대 대통령으로 미국 최초의 4선 대통령이다. 1930년대의 대공황 시기를 타개하기 위해서 뉴딜 정책을 추진했다.

** 뉴딜 정책: 루스벨트 대통령이 대공황 시기를 타개하기 위해 추진했던 정책으로, 정부의 경제적 기능 강화와 국가권력에 의한 규제 및 정부자금의 활용으로 특징지어진다.

이런 식으로 선생님들이 사고 작용을 활발하게 발휘하게 되면, 자기가 가르치는 과목과 하나가 될 수 있을 것이다. 그 다음에는 학생들과 하나가 되어서 활기찬 수업을 해낼 수 있을 것이다. 상상력이 풍부한 수업은 발도르프 교육에서 기본이 되는 신조 중 하나다.

선생님들은 항상 스스로의 사고가 다시 활기를 띄게 하고, 자기가 가르치는 과목과 학생들을 새로운 방식으로 바라볼 필요가 있다. 이 일을 효과적으로 하기 위해서 선생님들은 자기 스스로를 잘 인식하고 있어야 한다. 또한 학생들이 선생님을 단순히 지식을 가르치는 교사들로만 여기는 것이 아니라 선생님들 역시 배우는 사람들임을 알아보도록 해야 한다.

즉 선생님들 역시 배우는 일에 여전히 호기심이 많고 적극적인 관심이 있는 사람이라는 사실을 학생들에게 보여 줄 필요가 있다. 그러기 위해서 선생님들은 새로운 교육적인 토론에 기꺼이 참여하고, 다른 관점으로 어떤 주제들을 생각해 보고, 나날의 경험 속에서 기꺼이 새롭게 이해하고 발견하려고 해야 할 것이다. 그리고 지금 교실에서 배움이 제대로 이루어지지 않고 있거나 실패할 위험이 보일 때에는, 기꺼이 새로운 방법으로 가르치려는 의지를 가져야 한다.

이런 태도가 바로 훌륭한 선생님이라는 표시다. 배움과 관련해서 민감한 상태가 되고 염려를 하게 되면, 선생님들은 훨씬 깨어 있게 되고 훨씬 활기를 띠게 될 것이다. 이처럼 현재에 전적으로 집중하는 마음이야말로 사려 깊게 참여하는 일에서 아주 중요한 부분이다.

현재에 집중하는 마음은 더 높은 형태의 인식을 창조하고, 선생님들이 학생들의 마음을 읽을 수 있게 해주어서 적절히 응답하게 해 줄 것이다. 교육이 이런 식으로 진행되어 간다면, 선생님과 학생은 대화나 토론을 하면서 많은 것들을 배워 갈 것이고 서로가 서로를 가르치게 될 것이다. 선생님들이 자기 학생들에게 주의를 기울이고 있다면, 상황이 너무 늦어지기 전에 뭔가를 알아차릴 것이고, 학생의 눈에 나타난 혼란을 쉽게 감지할 수 있을 것이다.

깊이 성찰하는 선생님

나는 나 스스로를 완벽한 선생님이라고 한 번도 생각한 적이 없다. 나는 가르치는 일을 사랑하고, 아이들과 함께 지내는 것을 사랑하는 사람이다. 그러면서도 끊임없이 실수를 저지르는 사람이다. 발도르프 교육의 핵심인 세 가지 차원의 패러다임에 비추어서 내 일을 평가해 보면, 언제나 변함없이 내가 더 향상할 필요가 있는 분야를 발견하곤 한다. 이것은 교사라는 직업이 가진 아이러니들 중의 하나다. 즉 선생님들이 더 많이 배우면 배울수록, 알아야 할 것들이 더 많이 있다는 사실을 계속 깨닫게 된다는 뜻이다.

선생님의 자기평가는 훌륭한 가르침을 제공하기 위해서 꼭 필요한 부분이다. 내 경험을 보자면, 훌륭한 선생님은 자기들이 잘할 수 있는 것과 향상할 필요가 있는 부분이 어떤 것인지를 누구보다 잘 알고 있는 사람들이다. 또 다른 사람들한테 그것을 기꺼이 이야기할 수 있는 사람이다. 물론 선생님들이 자기에 관한 이 정보를 다른 사람들과 나눌 수 있는 용기를 항상 낼 수 있는 것은 아닐 것이다. 그렇지만 그들은 자기가 신뢰하는 사람들한테 이 정보가 자연스럽게 흘러들어 가게 할 것이다.

어쨌든 자기가 불완전한 사람이라는 느낌을 갖는 일은 커다란 선물이라고 할 수 있다. 왜냐하면 이런 느낌이 있어야만 선생님들은 변화하고 성장할 수 있는 기회를 찾기 때문이다.

자기 성장의 길인 가르치는 일

많은 것을 요구하는 까다로운 일, 어떤 사람이 최선을 다하도록 요구하는 일은 늘 변화가 필요한 일이라는 뜻이다. 그렇기 때문에 선생님이 많은 것을 요구하는 가르치는 일에 보다 진지하게 전념하고 깊이 성찰할수록, 그 과정에서 크게 변화할 수 있을 것이다.

자기평가는 훌륭한 선생님의 자질을 구성하는 중요한 부분이다. 하지만 우리가 실제로 얼마나 많이 성장할지를 결심하는 것은 변화를 일으키겠다는 의지와 끈질긴 노력이 있어야 가능하다.

《아이의 교육(The Education of the Child)》이란 책에서 루돌프 슈타이너는 개인적인 성장이 흔히 두 가지 차원에서 일어난다고 이야기하고 있다. 그에 따르면, 하나는 시계의 분침이 움직이는 것만큼이나 빠르게 일어나는 표면에서의 변화와 성장이다.[5] 이런 변화는 눈에 띄는 방식으로 일어난다. 이런 변화 덕분에 우리는 새로운 아이디어를 떠올리거나 새로운 전문용어들을 파악할 수 있게 된다. 또 우리가 지금 하고 있는 일이나 자기 스스로와 관련해서 이전의 낡은 방식을 변경하게 해준다.

한 가지 예로, 벤 다이어그램을 새롭게 수업에 활용한다든가 '자율 관리제', '지시문' 같은 교육적으로 유행하는 용어들을 활용할 수 있게 될 것이다. 하지만 그보다 중요한 두 번째 변화는 습관, 기질, 성격 안에서 일어나는 변화다. 간단히 말해서 이 변화는 인간의 본성 안에서 일어나는 변화와 성장을 의미한다.

이것은 시침이 움직이는 것처럼 천천히 변화해 가는 성장이다. 천천히 조금씩 변화하기 때문에 겉에서 보기에는 잘 감지할 수 없는 이런 변화들은 선생님들이 긴 시간 동안 끈질기게 인내를 할 때 일어난다. 이런 변화에 속하는 예로는 문제를 일으키는 아이들이나 부모들에게 방어적이지 않으면서 응답하는 법을 배우는 일, 무질서한 교실 상황에 질서와 체계를 세우는 일, 게으름을 피우려는 자기의 경향성을 극복하고 시간 엄수를 하는 일 등이 포함된다. 그렇다고 선생님들이 완벽하게 된다는 뜻은 아니다. 오히려 더 나은 존재가 되려고 끊임없이 노력하고 있다는 뜻이다.

선생님이 깊이 성찰하면서 가르치게 되면, 언제나 변함없이 자기 스스로에 대한 앎으로 다가가게 될 것이다. 비록 부담이 되는 이야기처럼 들릴지도 모르겠지만, 앞으로 나아가고 성장해 가는 간단한 방법들이 있다. 그 중 한 가지는 선생님을 훌륭하게 만드는 것들 속에는 그를 무능력하게 만들 수 있는 것들 역시 들어 있다는 점을 이해하는 일이다.

가령, 학급을 잘 운영하는 일은 많은 선생님들이 계발할 필요가 있는 능력이다. 많은 수의 학생들을 집중하게 해서 공부하게 만드는 일은 다양한 능력이 필요한 일이기 때문이다. 그러기 위해서 선생님들은 학생들한테 지시하는 것들과 기대하는 것들을 분명히 표현해야 한다. 또한 그런 지시들이 설득력이 있어서 학생들이 따르지 않을 수 없게 해야 한다. 그런데 이런 일을 효과적으로 하려면, 선생님들은 또한 학생 개개인의 개인적인 욕구들과 관심사들에 어느 정도 무신경한 태도를 가져야 한다.

어떤 활동을 하다가 다른 활동이나 수업으로 옮겨 갈 때, 선생님은 학생들에게 "지금은 아니야. 자리에 앉아라" 혹은 "조금 후에 나한테 이야기 하렴. 지금은 수업을 시작해야 하니까 말이다" 또는 "안 돼, 지금 자리를 바꿀 수는 없단다. 그 자리에 그대로 앉아 있어라"라고 지시할 필요가 종종 있기 때문이다. 이처럼 아이들이 다음 활동으로 잘 옮겨 가도록 하는 능력을 갖는다는 것은 선생님들이 특정한 개인의 욕구들을 어느 정도 무시하는 것을 뜻한다.

어떤 선생님들은 이 일을 대단히 효과적으로 행할 것이다. 그래서 아이들은 그냥 간단히 동의하고서 다음 수업으로 자연스럽게 옮겨 간다. 하지만 그런 선생님들이 아이들의 개인적인 욕구들에 대해서 민감하게 관심을 갖지 않는다면, 나중에 힘든 일이 생겨날 수도 있다. 그러므로 선생님들은 개별적인 아이들에게 관심을 가질 뿐만 아니라, 전체 그룹을 이끌 수 있는 능력을 동시에 가져야 한다.

이런 균형 감각을 갖는 일이 항상 쉽지만은 않다. 선생님들은 일반적으로 이 두 가지 중 한 가지 것에 더 중점을 두면서 교사 생활을 시작할 것이다. 그러다가 다른 능력도 의식적으로 발전시킬 필요가 있다는 점을 깨달을 것이다.

《매의 가르침(The Lessons of the Hawk)》란 책에서 마크 케네디(Mark Kennedy)는 자신이 아주 이상하고 특별한 방식으로 배웠던 중요한 교훈이 바로 이것이었다고 말하고 있다.

"최근에 밖으로 산책을 나갔을 때, 내가 산책하고 있는 좁다란 지대를 따라서 매 한 마리가 사냥을 하고 있는 모습을 목격했다. 도시에서 살고 있었기 때문에 나한테 이 일은 매우 드문 일이자 아주 즐거운 기쁨이었다. 아주 높이 당당하게 활주하며 날고 있는 매를 보기 위해서 나는 걸음을 멈추었다. 그런 다음 매가 아주 잘 보이는 곳에 서서 매가 먹이를 낚아채는 모습을 보게 되었다. 그것을 보는 일은 즐겁고 영감을 불러일으키는 일이었다.

마침내 나는 남은 산책을 계속하려고 발걸음을 옮겼다. 그런데 길을 따라서 걷고 있는 내 의식의 가장자리 어디쯤에서 나를 강하게 끌어당기고 있는 뭔가가 있는 것 같았다. 즉 그 매는 나에게 뭔가 중요한 것을 가르친 것처럼 보였던 것이다. 우리 반에서 선생인 내가 학생들과 함께 이루어 보려고 애쓰고 있는 것들에 관해서 말이다. 그날 산책을 하는 동안에 그 통찰을 전부 알게 된 것은 아니었다. 사실, 그 매가 가르친 것 전부를 알게 된 것은 그 뒤 몇 달 동안 무수한 산책을 하면서 이루어졌다. 하지만 마침내 그 통찰의 중요성이 내 사고에 스며들기 시작했다.

그 매는 전체를 넓게 조망해 볼 수 있는 시야와 한 점에 집중해서 볼 줄 아는 능력을 동시에 갖고 있었던 것이다. 매는 온 들판을 전부 볼 수 있으면서도 동시에 가장 작은 한 점의 먹이까지 볼 수 있는 능력을 갖고 있었다. 선생님인 우리한테도 그런 능력이 필요하고, 가르침에도 그것이 적용될 수 있어야 한다는 게 나의 믿음이다."[6]

발도르프 선생님들은 교육을 하나의 예술로 보도록 격려를 받는다. 선생님이 이런 예술적인 정서를 갖는 것이 실제로도 효과가 있을 것이다. 예술가들은 자기 작품을 좀 더 나은 것으로 만들기 위해서 언제나 변함없이 서로 모순되는 것들을 활용하기 때문이다. 어느 한 공간과 그 반대 공간, 전경과 배경, 어둠과 빛, 부드러움과 강함처럼 서로 반대되는 것들을 잘 활용해서 예술 작품을 만들어 내고 있다는 뜻이다. 물론 이 목록은 계속 이어질 수 있다.

이와 비슷하게 아이들 교육을 담당하고 있는 선생님들도 자기 일을 더 나은 것으로 만들기 위해서 서로 반대되는 것들을 잘 채택해야 한다. 그래서 딱딱하고 형식적인 절차와 비형식적인 절차 사이의 긴장이 교실 훈육에서 가장 중심이 되게 만들어야 한다.

미리 준비된 수업을 차분히 받는 것과 자연스레 생겨난 주제들을 탐구하는 일 사이를 오가는 일은, 가르치는 일을 체계적이게 하면서도 동시에 생기와 활력을 더해 줄 것이다. 또한 높은 수준의 몰입과 진정한 이해가 결합하게 되면, 아이들과 선생님은 모두 성공적으로 배우고 가르치게 될 것이다.

많은 선생님들은 아이들을 단호한 태도로 대하는 것이 필요하다고 믿고 있다. 하지만 그와 비슷한 수의 다른 선생님들은 아주 분명하게 그 반대라고 보고 있다. 즉 학생들한테는 선생님의 사랑과 이해가 꼭 필요하다고 보는 것이다.

선생님들이 자기의 교육적인 여정을 어느 지점에서 시작하든지 간에, 많은 이들이 결국에는 이 두 가지 방식을 섞어서 활용하는 것을 채택할 것이다. 직접 교실에서 가르쳐 본 경험을 통해서 아이들한테는 "사랑어린 단호함"이 필요하다는 사실을 깨달을 것이기 때문이다.

이런 새로운 이해를 얻으면서 성장하기까지는 시간이 걸릴 것이다. 때로 실패를 겪기도 하는 힘겨운 여정을 통과하면서 이런 성장이 일어난다. 그렇더라도 실패에서 비롯된 변화들은 보다 깊은 차원에서 일어날 것이다. 선생님들이 실패라는 경험을 통해서 한쪽으로 치우치는 자기의 경향성과 한계들을 깨닫게 된다면, 이제 반대되는 관점이 지니고 있는 장점들이 무엇인지를 깨닫기 시작할 것이기 때문이다. 그렇게 되면 진실에 더 가까이 다가갈 수 있게 된다. 이 진실은 선생님들이 항상 변함없이 추구해야 하는 것이다. 자기 자신에 대한 진실과 자기의 가르침에 대한 진실을 말이다.

이처럼 발도르프 선생님들이 아이들에게 도움을 주려는 목적으로 자기 안에서 새로운 능력들과 새로운 특성들을 계발하려고 애를 쓰는 일은 책임감이라는 감정에서 비롯된다. 학생들은 바로 이것을 원한다. 그리고 선생님들이 주의 깊게 살펴본다면, 학생들의 눈을 통해서 자기가 성공하고 있는지 혹은 실패하고 있는지를 확실히 알 수 있을 것이다.

만약 아이들이 변화하고 성장하도록 돕고 아이들이 특정한 성격들을 극복하도록 도울 생각이라면, 또 아이들의 타고난 장점들을 보완해 줄 수 있는 다른 능력들을 길러 주고 싶다면, 선생님들 자신이 기꺼이 배움이라는 이 탐험의 일부가 되어야 한다. 실제로 선생님들이 이 탐험의 여정을 안내하고 리드해야 하는 것이다.

아이들을 훈육하는 일은 결국 선생님의 자기 훈육에서부터 시작될 것이다. 이에 대한 훌륭한 모범은 마하트마 간디(Mahatma Gandhi)*에 관련된 다음 일화에서 찾을 수 있다.

"이런 일화가 전해진다. 한 번은 자기 아들에게 평범하지 않은 소망을 품고 있는 한 어머니가 간디에게 가까이 다가왔다. 그녀의 아들은 특별한 문제를 겪고 있었다. 아이가 단 과자를 먹는 일을 조절하는 데 어려움을 겪고 있다면서 어머니가 간디에게 부탁을 했다. 자기 아들에게 이야기를 잘해 주어서 단것을 못 먹게 해달라고 말이다. 간디는 그러겠다고 했다. 하지만 여러 날이 지났는데도 여전히 아무런 대화가 일어나지 않고 있었다. 한 주 가량이 지난 후에 어머니가 간디를 다시 찾아와서 아무 일도 일어나지 않아서 실망이라고 말했다. 그때 간디의 대답은 이러했다. 아이에게 이야기를 할 수 있기 전에 간디 자신이 먼저 설탕 먹는 것을 그만두어야만 해서 그랬다고 말이다."[7]

만약 선생님들이 자기가 가르치고 있는 아이들의 품성이 발달하는 데 관심이 있다면, 자기 스스로의 인품을 발달시키는 일이 중요해질 것이다. 만약 학교에서 학생들이 중요한 것들을 배우기를 선생님들이 원한다면, 그들도 기꺼이 똑같은 것을 배우려고 애써야 한다. 이것은 선생님들에게 아주 많은 것을 요구하는 일처럼 보일지도 모른다. 하지만 이것은 선생님의 일이 얼마나 중요한지를 강

---

* 마하트마 간디(1869-1948): 20세기 인도의 위대한 민족주의 지도자. 비폭력 운동의 제창자.

조하는 것이기도 하다.

선생님들 자신이 온 마음으로 아이들의 교육에 전념하고 자기의 가르침과 자기 자신을 기꺼이 탐구하려는 마음을 보여 준다면, 변화를 만들어 낼 수 있을 것이다. 이것은 선생님으로서 행하는 그들의 여정에 내적인 측면이 있다는 것을 뜻한다. 아이들의 교육에 전념하고 있는 선생님들은 내적으로 자기 학생들과 결속을 맺고 있을 것이기 때문에, 깊은 차원에서 학생들에게 영향을 미치게 될 것이다.

공감과 영혼을 일깨우는 일은 존재의 속성들을 엄격하게 준수함으로써 명료하게 단련된 감정이 맡을 것이다. 이렇게 유도된 감정은 결국 객관적인 사고로 단련되어 갈 것이다. 이런 깊은 토대를 가진 사고는 분명히 보다 강력하고, 울림이 크고, 창조적인 사고가 될 것이다

8장_ 참된 인간 교육을 향하여

"우리가 느끼는 가장 깊은 두려움은 우리가 부족한 사람이라는 점이 아니다. 우리의 가장 깊은 두려움은 우리가 헤아릴 수 없을 만큼 힘이 있다는 사실에 있다. 우리를 깜짝 놀라게 하는 것은 우리의 어두운 면이 아니라 오히려 우리 안에 존재하고 있는 빛처럼 밝은 면이다."

- 넬슨 만델라(Nelson Mandela)*

전국에는 가르치는 일에 재능이 있는 선생님들이 많이 있는데, 도로시 해레(Dorothy Harrer)도 그들 중 한 사람이다. 그녀는 뉴욕시에 있는 루돌프 슈타이너 학교에서 가르쳤으며, 상상력의 힘을 가지고서 자기 수업을 생기 넘치게 만든 분이다.

초등 4학년 아이들한테 동물 관련 수업을 하면서 그녀는 학생들에게 이렇게 말한다. 즉 학생들 스스로가 지금 로키산맥 중간 지점의 바위투성이의 험준한 벼랑 위에 서 있다고 상상해 보라고 한다. 선생님이 그런 이야기를 하면 아이들은 자기 발 오른쪽에 자리하고 있는 폭이 180센티가 넘는 대형 새 둥지를 마음속으로 떠올

---

* 넬슨 만델라(1918-2013): 남아프리카 공화국의 흑인 민권 운동가. 인종차별 정책에 저항하다 27년 동안 감옥 생활을 하면서 흑인의 희망이 되었다. 석방 후 세계 최초의 흑인 대통령이 되었으며, 1993년 노벨평화상을 받았다.

리기 시작한다.

학생들이 둥지 안을 "살펴보더니", 솜털이 보송보송한 두 마리의 새끼 독수리가 엄마가 돌아오기를 기다리고 있는 모습을 찾아냈다. 그 순간 아이들은 급강하하는 날개 짓 소리를 "듣게 되고", 선생님은 아이들더러 엄마 독수리가 내려앉을 테니까 빨리 뒤로 물러나라고 경고한다.

그런 다음에 선생님은 엄마 독수리의 모습을 상세하게 설명해 준다. 구부러진 날카로운 부리, 아주 예민하게 지각하는 검고 매서운 눈, 하얀 깃털이 난 머리 부분, 물고기 한 마리를 움켜쥐고 있는 날카로운 발톱들을 설명해 주는 것이다. 선생님은 엄마 독수리가 둥지에 도착한 다음 자기 새끼들에게 먹이려고 어떻게 그 물고기를 부리로 잘게 찢는지를 설명한다. 새끼들을 먹인 다음 엄마 독수리는 커다란 날개를 활짝 펴고는 하늘 높이 다시 날아오른다.

학생들은 커다란 몸집에도 불구하고 독수리의 몸무게는 대략 13.5킬로그램 정도밖에 나가지 않으며, 몸 안은 공기가 들어 있는 우묵한 공간들로 이루어져 있다는 설명을 듣는다. 또 깃털들도 뼈들과 마찬가지로 속이 비어 있고 공기로 차 있으며, 그래야 따스한 상승 기류를 타고 가볍게 날아올라서 산봉우리들 사이로 미끄러지듯이 날아다닐 수 있다는 이야기도 듣는다.

아이들은 상승하는 공기를 타고서 나선형을 그리며 날아오르는 독수리를 상상한다. 그리고 최고 높이까지 날아오른 독수리가 저 아래 아주 멀리 떨어진 곳에 있는 먹이를 낚아채기 위해서 갑자기 급강하하는 모습을 상상한다.

비록 뉴욕시에 살고 있는 많은 아이들이 야생에서 독수리가 나는 모습을 본 적이 한 번도 없을 테지만, 아이들은 이 거대한 새의 모습을 마음속으로 생생히 그려 낼 것이다. 파스텔 색의 분필들을 가지고 칠판에 독수리 모습을 그릴 수 있을 정도로 말이다.

이 아이들은 지금 자신의 상상력으로 그려 낸 모습을 통해서 이 새에 관한 사실들을 아주 효과적인 방식으로 배우고 있는 중이다. 아이들은 독수리를 막 이해하고 있는 중이다. 그러면서 보다 심화된 배움을 위해서 준비를 하고 있다.

심화된 배움은 선생님이 반 아이들에게 이렇게 물으면서 시작된다. "여러분, 여러분이 독수리와 같은 점들은 어떤 것들이 있을까요?"

인간성의 충만한 완성

아이들이 자기 자신에 관해 알기 시작하는 때가 바로 이런 순간들이다. 또 아이들은 자기가 인간이라는 사실과 자기의 사고 능력 안에는 독수리처럼 하늘 높이 날아오를 수 있는 힘이 있다는 사실을 알아 가기 시작할 것이다. 아이들은 생각 속에서 높이 날아오를 수 있을 것이고, 상상 속에서 엄청나게 먼 곳을 여행할 수 있을 것이다. 또한 아주 먼 곳에서도 물체들을 식별할 수 있고, 놀라운 속도로 한 지점에서 다른 지점으로 순간 이동을 할 수도 있을 것이다.

독수리처럼 아이들의 사고도 역시 아주 명확하게 초점을 맞출 수 있는 능력이 있으며, 가장 작은 세부 사항조차 뚜렷이 볼 수 있는 능력이 있을 것이다. 이 거대한 새의 감탄스러운 특징들이 자기 내면의 생각하는 능력 안에도 존재한다는 사실을 아이들이 알아차리게 되면, 아이들의 정신은 하늘 높이 날아오를 것이고 자부심이 높아질 것이다.

이런 관점은 독수리를 의인화한 관점이 아니다. 오히려 인간이 "독수리처럼" 보는 관점이라고 할 수 있다. 이런 관점을 가질 때 우리는 이 날개 달린 피조물과 우리가 밀접한 관계가 있음을 느낄 수 있을 것이다. 또 독수리들의 독특한 자질들이 우리에게도 힘을 부여한다는 사실을 알아챌 수 있을 것이다.

이것은 아메리카 인디언들이 동물과 관계를 맺을 때 바라보는 시선과 훨씬 가깝다고 할 수 있다. 인디언들은 인간이 동물들과 밀접한 관계가 있다고 생각했으며 동물의 영혼을 존중하고 존경했다. 그렇게 해야 그 동물의 힘이 인간에게 전해질 수 있다고 믿었다. 발도르프 수업에서 아이들이 관계를 맺는 동물들이 독수리만은 아니다. 사자, 암소, 생쥐, 사슴, 심지어 문어까지도 인간에게 의미 있는 존재라는 사실을 아이들에게 가르칠 수 있다.

이런 수업을 만나게 되면, 나는 "아, 그렇구나!"라고 깨닫는 경험을 하곤 했다. 그 순간에 나는 오래 전에 분명히 알았어야 했을 중요한 것들을 그제야 깨닫곤 했던 것이다. 물론 나는 발도르프 학교가 아이들을 여러 수준에서 지도하고 가르치고 있다는 사실을 오래 전부터 알고 있다.

아주 기초적인 수준에서 발도르프 학교는 아이들에게 읽고 쓰는 기본적인 기술들과 좋은 공부 습관을 제공한다. 아이들은 읽고, 쓰고, 셈을 하고, 계산하는 법을 배운다. 또 자기 과제를 주의 깊게 그리고 시간에 맞춰서 완성하는 습관을 배워 나간다.

다른 수준에서는 학생들이 자기가 살아가고 있는 이 세상에 대해서 배운다. 즉 동물들, 식물들, 광물들, 별들에 대해서 배우는 것이다. 또 세계의 역사, 수학, 문학, 미술, 음악, 문화에 대해서도 배운다. 오늘날의 세계와 과거의 세계를 모두 배운다. 발도르프 학생들은 인류 문명에 대해 인문적인 이해를 습득하도록 격려를 받는다. 때로 이런 이해들이 약간 유럽 중심적인 것처럼 보이지만, 그럼에도 불구하고 이런 이해들은 쉽게 확장될 수 있을 것이다. 그래서 발도르프 학교는 학생들이 아프리카와 아시아, 중앙아메리카와 남아메리카에 대해서도 보다 많은 것들을 배우도록 애쓰고 있다.

하지만 좀 더 깊은 차원에서 중요한 배움이 일어난다. 이것은 좀 더 핵심적인 문제와 관련을 맺고 있는 배움인데, 인간 존재가 된 것이 무슨 의미인지를 배우는 것이기 때문이다. 나는 20여 년이 넘게 아이들을 가르친 후에야 마침내 이것이 발도르프 교육에서 가장 근본적인 가르침이라는 사실을 깨달을 수 있었다.

이 배움은 발도르프 학교에서 몇 년 동안 수많은 방식으로 검토되고 탐구가 되어서, 아이들이 완전한 인간성을 이해하도록 도울 것이다. 발도로프 학교는 아이들이 이것을 배우도록 돕기 위해서 고안된 것이다. 그리고 발도르프 학교가 지니고 있는 영적인 토대가 분명해지는 지점은 인간 존재를 바라보는 이런 그림 안에서다.

영적인 연결을 보호하기

사람들은 종종 이런 질문을 하곤 한다. "발도르프 학교는 종교와 관련된 학교인가요?" 이 질문에 대해 내가 들었던 가장 훌륭한 답변은 "그렇기도 하고 아니기도 해요"이다.

발도르프 학교는 흔히 우리가 종교에 대해서 생각하는 방식으로는 종교 관련 학교가 아니다. 어떤 신조도 없고, 교리문답도 없고, 개종시키는 일도 없기 때문이다. 발도르프 학교는 어떤 종교의 한 교파가 전혀 아니라는 뜻이다. 그리고 이런 이유 때문에 일본 같은 불교 국가들에서도 발도르프 학교가 이스라엘의 키부츠 공동체에서처럼 번창할 수 있는 것이다.

그렇지만 발도르프 학교는 그 근본에서 보면 포괄적이고 보편적인 방식으로 종교적이라고 할 수 있다. 종교(religion)라는 말은 라틴어 'religare'란 단어에서 유래한 것으로, 이 단어의 원래 뜻은 '다시 연결하는 것'을 의미한다. 어린아이들은 아직 자기의 영적인 연결로부터 떨어져 있지 않다. 발도르프 유치원 선생님이 아이를 이해하는 것은 시인 윌리엄 워즈워스(William Wordsworth)가 시에서 쓴 것과 아주 비슷하다. 즉 어린아이들한테는 "어린 시절의 기억에서 나온 불멸에 대한 친밀함"이 존재한다는 뜻이다.

"그런 시간이 있었다네, 모든 들판의 작은 숲과 시냇가의 시간,
이 땅과 모든 세상이
천상의 빛으로 감싸인 것처럼 보였던 때,
꿈의 영광스러운 은총과 신선함이 존재했던 때."

이러한 타고난 영적인 인식은 어린아이들의 눈 속에서 반짝이는 빛처럼 아이 안에서 빛나고 있다. 잘 알려진 교육개혁가인 조너선 코졸(Jonathan Kozol)*은 《근본적인 부활(Ordinary Resurrection)》이란 자신의 책에서 이렇게 말하고 있다. 이 나라의 불행한 상황은 "아이가 지닌 그 빛이 전역의 도시에서… 너무나 금방 어두워지고 있다는 사실 때문이다. 자기 안에 있는 이 빛을 드러내 보이고 싶고, 이 나라에 자기의 선함을 가져오고 싶은 많은 아이들의 열망은 15살이 되기 전에 흔히 질식해 버리거나 소멸되어 버린다."[1]

아이들이 계속해서 영적인 발달을 이루기 위해서는 약간의 외적인 가르침만이 필요하다. 루돌프 슈타이너에 따르면, 영적인 발달을 위해서도 그야말로 아이들을 균형 잡힌 세 가지 차원의 방식으로 가르칠 필요가 있다. 즉 아이들의 타고난 영적인 인식을 보존하기 위해서도 머리, 가슴, 손을 발달시켜야 한다는 뜻이다.

---

* 조너선 코졸(1936-): 미국의 작가, 교육가, 행동주의자로 미국의 차별적인 교육과 사회 불평등에 맞서 싸우고 있다.《교사로 산다는 것》,《야만적 불평등》등이 번역되었다.

균형 잡힌 교육이 영적인 인식을 북돋울 것이다. 이런 생각이 비록 지나치게 단순한 것처럼 보일지라도, 이것은 발도르프 교육 방식의 핵심인 앎에 관한 이론에 그 토대를 두고 있다. 다시 말해 정서적인 경험, 의지와 관련된 감정, 사고와 결합된 의지가 골고루 발달하고 있다면, 아이들은 자기가 공부하고 있는 것들을 통해서 내적인 연결을 이룰 수 있을 것이다. 이런 연결이 있으면 아이들은 세상 속에서 충만하고 온전하게 살아갈 수 있을 것이고, 존재의 의미와 경이로움을 찾을 수 있을 것이다.

이렇게 새로워지고 활기를 띤 사고는 발도르프 교육이 추구하고 있는 중요한 목표 중의 하나다. 그리고 존 가드너가 교육과 관련된 글에서 전달하고 싶었던 중요한 부분이기도 하다.

"태도에서 변화가 일어나는 일은 보통의 생각만으로 이루어지는 것은 아닐 것이다… 오히려 공감과 영혼의 참여가 있어야 그런 변화가 시작될 것이다… 공감과 영혼을 일깨우는 일은 존재의 속성들을 엄격하게 준수함으로써 명료하게 단련된 감정이 맡을 것이다. 이렇게 유도된 감정은 결국 객관적인 사고로 단련되어 갈 것이다. 이런 깊은 토대를 가진 사고는 분명히 보다 강력하고, 울림이 크고, 창조적인 사고가 될 것이다… 교육가들이 인간의 직관적 사고 능력을 올바르게 이해하게 된다면, 자아와 세상 사이에 다리를 놓는 법을 알게 될 것이다."[2]

정서적인 따스함과 관심이 스며들어 있는 사고 작용은, 외적인 것과 내적인 것을 결합시키고, 객관적인 것과 주관적인 것을 결합시킬 것이다. 그리하여 인간 경험의 이중적인 본성을 극복하게 도와줄 것이다. 이처럼 활기를 띤 사고는 아이들이 숨을 가다듬고 관심 있는 것에 초점을 맞출 수 있게 해준다. 이런 사고는 아이들을 자연과 가장 깊이 연결시켜 주며, 자기 자신과도 가장 깊이 연결시켜 주는 힘을 갖고 있다.

마르틴 부버(Martin Buber)*가 사용한 용어로 보자면, 이런 사고는 "나(I)"와 세상에 존재하는 "그대(Thou)" 사이의 관계를 북돋워 준다. 이처럼 개인 안에 존재하고 있는 것과 존재하지 않은 것 사이를 연결시켜 주는 것이야말로 발도르프 교육의 핵심이라고 할 수 있다. 그래서 하루를 시작하는 아침마다 학생들이 아침의 시를 암송하는 것을 그토록 강조하는 것이다.

나는 세상을 바라봐요.
세상 안에는 태양이 빛나고 별들이 반짝거리고 있어요.
돌들은 가만히 놓여 있고,
살아 있는 식물들은 자라나고 있어요.
동물들은 감정을 느끼며 살아가요.
인간은 자기의 영혼 안에 위대한 정신이 살 집을 마련해 주어요.
나는 내 존재 안에서 살아가고 있는 영혼을 바라봐요.
세상을 창조한 분은 햇볕과 영혼의 빛으로 세상을 엮어 나가지요.

---

* 마르틴 부버(1878-1965): 독일의 유대계 종교 철학자, 성서 번역 및 주석가. 그의 철학은 인간과 다른 존재와의 만남 또는 대화에 중심을 두었다.

우리의 범위가 미치지 못하는 저기 다른 세상의 공간 안에서,
또 여기 우리 내면에 있는 영혼의 깊이에서 그렇게 하고 있어요.
나는 창조하는 정신인 당신에게 온 마음으로 부탁해요.
배우고 공부하는 순수한 활력과 은총이
내 안에 영원히 흐르게 해달라고요.
- 루돌프 슈타이너

선생님들은 자기 학생들이 지금 배우고 있는 과목들과 강한 감정으로 연결되도록 도와야 한다. 그러면 학생들은 삶과 친밀한 연결감을 느낄 수 있을 것이고, 이 관계를 인간 실존의 가장 중요한 부분으로 바라볼 수 있을 것이다.

내적으로 예민하게 반응할 수 있는 능력은 지루함에 대항할 수 있는 힘이기 때문에, 학생들은 자기가 경험하고 있는 세상을 긍정적으로 바라보게 될 것이다. 루돌프 슈타이너에 따르면, 우리가 내적으로 행하는 활동의 풍요로움은 삶을 즐거워하고 고마워하는 우리의 능력에 영향을 미치기 때문이다.

"내면생활의 풍요로움은 외부 세상의 아름다움에 다가가는 유일한 열쇠다. 이것은 우리가 내적인 삶들을 잘 계발시키고 있는지에 달려 있다. 내적인 삶이 풍요롭지 않다면, 우리가 대양을 가로질러 긴 여행을 할지라도 몇 개 안 되는 내적인 경험만이 우리의 영혼을 통과할 것이다. 그렇지 않고 우리 내면이 풍요롭다면, 우리는 세계를 이루는 정신의 영원한 언어를 감지하고, 창조의 신비스러

운 수수께끼를 이해할 수 있을 것이다. 우리를 둘러싼 세계의 모든 곳에 신의 영광이 가득 차 있지만, 먼저 우리 영혼 안에서 그 신성을 경험해야 한다. 우리를 둘러싼 환경 안에서 신성함을 발견할 수 있기 전에 말이다."[3]

영적으로 건강한 행복

만일 학교가 인간을 영적으로 바라보는 관점에 토대를 두고 있다면, 보다 다양한 가치관이 중요해질 것이다. 활기를 띤 사고 작용이 훨씬 중요하게 여겨질 것이다. 그래서 학생들이 높은 시험 성적을 얻고 학구적인 성향을 가진다 할지라도, 세상에 대한 진정한 관심과 염려가 별로 없는 상태라면, 높은 성적은 단지 부분적이고 불완전한 표시이자 한계가 있는 성취로만 보일 것이다.

8년 동안 내가 가르친 어떤 남자아이는 학업적 성취가 좀처럼 이루어지지 않는 학생들 중 한 명이었다. 아이는 초등학교 시기 동안 철자를 바르게 쓰고, 구두점을 찍고, 글을 읽고, 셈을 하는 일 등을 계속해서 고군분투했다. 그는 다른 아이들이 경험하는 학업적 성취를 거의 즐기지는 못했지만, 그럼에도 불구하고 아이는 항상 유쾌했고, 양심적이었고, 성실하고, 진지했다.

반 친구들은 항상 그 아이를 인정하고 좋아했다. 선생님들도 언제나 변함없이 그가 사랑스럽고 이해심이 많다고 생각했으며, 반에서 그의 존재가 중요하다고 평가했다. 하지만 공부와 관련해서는 어려워하는 과목들이 많이 있었다. 그렇긴 해도 아이는 친절함, 열린 마음, 경이로움에 관해서는 이미 배웠다고 할 수 있다. 공부를 잘하는 가장 똑똑한 학생들한테 이런 점들을 가르치는 일이 가끔은 불가능할 때도 있는데 말이다.

7학년 때의 어느 날, 우리는 르네상스 시기의 역사에 대해 그 날 아침에 배운 것을 복습하고 있었다. 아이는 레오나르도 다빈치(Leonardo da Vinci)*에 관해 작문을 쓰고 있었고, 나는 레오나르도의 그림들 몇 가지를 상기시켜 주면서 그의 기억에 자극을 주려고 하고 있었다. 나는 선반에서 커다란 화집을 꺼내 왔다.

도제 시절에 레오나르도가 그렸던 그림들 중 하나를 아이가 보게 하려고 말이다. 그 그림은 어떤 대상을 비추고 있는 빛의 존재를 잘 보여 주고 있는 화가의 독특한 능력을 그대로 보여 주는 그림이었다. 그림 속 천사의 머리에서 빛나고 있는 빛을 알아본 아이가 입을 벌리면서 눈을 크게 뜨는 게 보였다.

아이는 천사의 귀 주위에서 구불거리고 있는 곱슬머리와 머리카락들 각각이 빛을 받고 있어서 꼭 실물처럼 보이는 천사의 머리를 뚫어지게 바라보았으며, 분명히 큰 감동을 받은 것 같았다. 아이는 아무 말도 하지 않았다. 그저 모든 것을 흡수하고는 다음 페이지로 넘겨서 〈최후의 만찬〉과 〈모나리자〉 그림을 바라보기 시작했다. 아이가 비록 명암법, 소실점, 암시법 같은 것들을 잘 설명하지는 못할지라도, 레오나르도 작품의 진가를 알아보는 식별력은 비할 데 없

---

* 레오나르도 다빈치(1452-1519): 르네상스 시기에 활동한 이탈리아의 유명한 화가, 조각가, 건축가.

이 뛰어났던 것이다.

공부를 기준으로 평가한다면, 이 아이는 학교에서 공부를 잘해내는 학생이 아니었다. 시험 성적은 낮았으며 공부와 관련된 것들을 수행하는 능력에도 한계가 있었다. 그렇지만 아이는 성실하게 그리고 열심히 공부하는 아이였다. 그러므로 마음 깊이 인간적인 차원에서 보자면, 아이는 아주 뛰어나고 훌륭한 아이였다.

8학년 종업식 때 아이는 반 친구들과 다른 청중들에게 연설을 했으며, 무명의 남부 연합군 병사가 쓴 것으로 알려진 시 한 편을 읽어 주었다. 아이가 읽어 주는 시구절들을 들으면서 나는 감동을 받은 나머지 눈물을 흘렸다. 발도르프 학교에서 8학년을 마친 이 아이는 우리 모두를 가르칠 수 있는 교훈을 분명히 가지고 있는 아이였던 것이다.

나는 신에게 성공을 이룰 수 있는 힘을 달라고 부탁했어요.

그런데 겸손하게 복종하는 법을 배울 수 있도록 약함을 받았어요.

나는 대단한 일을 행할 수 있는 건강을 달라고 청했어요.

그런데 내가 더 착한 일을 할 수 있도록 연약함을 받았어요.

나는 내가 행복할 수 있도록 부유함을 요청했어요.

그런데 내가 현명해질 수 있도록 가난을 받았어요.

나는 사람들의 칭송을 받을 수 있는 권력을 부탁했어요.

그런데 내가 신이 필요하다는 점을 느낄 수 있도록 심약함을 받았어요.

나는 인생을 즐길 수 있도록 모든 것을 달라고 요청했어요.
그런데 모든 것을 즐거워할 수 있는 인생을 받았어요.
내가 요청한 것들은 아무것도 이루어진 게 없지만,
내가 소망했던 모든 것들을 갖게 되었어요.
거의 나 자신도 모르는 사이에,
내가 말하지 않은 기도들이 응답을 받았던 거예요.
나는 가장 풍요로운 축복을 받은 모든 사람들 중의 한 사람이랍니다.

말로 표현할 수 없는 가르침들

때로 학교에서 이루어지는 중요한 영적인 교훈들은 실제로 말로 가르칠 수 있는 것이 아니다. 그것들은 그저 활기차게 존재하고 있을 뿐이다. 내가 가르쳤던 학생들 중에 데이비드란 이름을 가진 젊은 친구가 있었다. 아이 시절에 그는 "티토"라고 불렸는데, 이것은 작고 사랑스러운 것을 뜻하는 스페인 말로 "꼬마"라는 뜻이다. 티토 역시 내가 8년 동안 가르쳤는데, 아이가 6살 때부터 14살이 될 때까지였다. 그 기간 동안에 우리 관계가 항상 매끄러웠던 것은 아니었지만 우리는 가까운 사이였다.

티토의 부모님은 아주 많은 이유로 우리 학교를 선택했다. 하지만 아이의 영적인 발달이 교육의 중요한 부분이어야 한다고 느꼈기 때문은 아니었다. 수년에 걸쳐서 다른 학생들이 영적인 물음들을 묻는 일들이 일어나곤 했다. 티토도 이따금씩 자기가 다니는 발도르프 학교나 선생님들과 자기가 조화를 이루지 못한다고 느끼곤 했다.

티토가 9살 무렵이 되었던 3학년 시절에 반 아이들이 《구약성서》에서 나온 이야기들을 듣고 있을 때 이런 물음이 일어났다. 전 세계의 창조 관련 이야기들은 대체로 감동적이지만, 아담과 이브 이야기는 다른 학생들보다 티토의 마음에 훨씬 큰 영향을 미친 것 같았다.

학생들 중 하나가 그 이야기를 들은 후에 흔히 하는 질문을 했다. "그 이야기가 진짜예요?" 내가 미처 대답할 기회도 갖기 전에 (실제로 뭐라고 말해야 할지를 나도 잘 모르는 상태였지만) 티토가 자리에서 일어났다. 그리고는 완강하게 자기는 아담과 이브 이야기를 믿지 않는다고 주장했다. 아이는 자기가 '자연사 박물관'에 가서 공룡들을 보았고, 그래서 아담과 이브 이야기가 사실이 아니란 사실을 알고 있다고 주장했다.

그가 집에서 교육받은 진화론의 관점을 한쪽으로 치워 두라고 설득하는 것은 나의 임무가 아니었다. 또 《구약성서》의 〈창세기〉에 나오는 창조 이야기를 믿게 하는 것도 내 임무가 아니었다. 나의 일은 아이와 다른 학생들에게 이런 창조 이야기들을 들려주고 알려 주는 것이었다.

학년이 올라가면서 북구 신화, 이집트 신화, 인도 신화, 그리스 신화들도 들려주고 알려 주는 것이 나의 임무였다. 또한 나는 아이들 각자가 발달시키고 있는 진리에 대한 탐구를 모두 존중한다는 사실을 보여 줄 필요가 있었다. 동시에 존중하는 마음과 진심을 담아서 이 이야기들을 전해 주어야 하는 게 내 일이었다.

말할 필요도 없이 나는 학생들에게 '창조의 날들'을 그림으로 그려 보라고 요청했다. 또 '천상계(firmament)', '서약(testament)', '성스런 약속(covenant)' 같은 단어들을 배우게 하고, '에덴동산', '아브라함과 모세', '다윗과 골리앗'에 관해 글을 쓰고 이야기로 묘사해 보라고 요청하면서 이 이야기들을 경험하도록 했다. 다음에 이어질 학년들에서는 이와 똑같은 방식으로 '발두르(Baldur) 이야기'*, '이시스(Isis)와 오시리스(Osiris)'**, '라마(Rama) 신'*** 이야기들을 배울 것이다.

수년 동안 티토와 나는 수없이 여러 번 중요한 토론을 하곤 했다. 그가 학교를 졸업하고 나서는 그리 자주 만나지는 못했지만, 그는 일 년에 한 번 정도씩 불쑥 우리 집을 방문하곤 했다. 그러면 우리는 함께 앉아서 추억을 이야기하곤 했다. 그는 우리 학교에 대해서 자기가 좋아했던 것이 무엇이고 싫어했던 것이 무엇인지를 이야기해 주곤 했다. 그가 대학생이었던 어느 날 저녁에 우리가 함께 앉아서 이야기를 하고 있는데, 그가 이렇게 말했다.

"발도르프 학교가 하고 있는 모든 일들이 무엇을 뜻하는지를 저는 잘 알고 있어요. 선생님이 우리한테 항상 말씀하신 것이잖아요. 우리 삶에 균형이 아주 중요하다고요." 나는 놀랐다. 그의 통찰력이 아주 명확했기 때문이다. 하지만 나는 그렇게 분명하게 말해 본 적이 한 번도 없었다. 물론 이런 이해는 발도르프 학교에 관해 널리 알려진 이해이고, 티토가 받아들인 것 중의 하나였다. 그리고 짧았

---

* 발두르 이야기: 북유럽 신화에 나오는 용모가 아름답고 정의로운 신 발두르에 관한 이야기. 발데르(Balder)라고도 한다.

** 이시스와 오시리스: 이집트에서 가장 중요한 여신과 남신.

*** 라마 신: 가장 숭앙을 받고 있는 힌두교의 신들 중 하나. 용맹과 미덕의 화신이다.

던 생애 동안에 티토가 충만하게 살도록 해주었던 가르침이었다.

티토는 26살에 죽었다. 짧게 압축된 생애 동안에 그는 많은 이들이 80여 년을 살면서 하는 일보다 훨씬 많은 일들을 하면서 살았다. 다음에 나오는 그의 부고 기사를 보면 알 수 있듯이, 그의 삶은 균형에 대한 서약을 지키는 것이었다고 할 수 있다. 이것은 그가 온 마음으로 깊이 껴안았던 영적인 교훈이었다. 명시적으로 전달된 것이 아니라 암시적으로 전달된 중요한 무엇이었다. 그것은 "주변 환경의 영향이, 또 그러한 가치들을 현실화시키고 있는 발도르프 학교의 끊임없는 영향이"[4] 그에게 제공해 준 것이었다.

로드 몬터규 데이비드(26살)

데이비드는 1993년 8월 4일 수요일에 알래스카 페어뱅크스 북쪽 브룩스 산맥을 횡단하던 비행기 추락사고로 평소 하고 싶어 하던 일을 하다가 죽었다. "티토"는 예술가, 사이클리스트, 캘리그래퍼, 음악가, 야구 선수, 암벽 등반가, 개썰매 여행가, 육상 선수, 상담사, 사랑받는 아들이었다. 데이비드는 철학자, 야외 활동가, 정비사, 부두 건축자, 고고학자, 간판 그리는 사람, 지붕 고치는 사람, 활 만드는 사람, 비행사였으며 참으로 독특하고 자유로운 영혼을 가진 사람이었다. 그는 어머니 안나 A. 존슨과 두 명의 아버지 몬터규 J. 로드와 제임스 T. 존슨, 로드와 존슨 가족들, 많은 가까운 친구들을 두고서 먼저 세상을 떠났다. 데이비드는 1967년 4월 2일에 오하이오 주 클리블랜드에서 태어나 메릴랜드 주의 체비 체이스에서 자랐다. 워싱턴 발도르프 학교, 코네티컷 주의 하트퍼드에 있는 샌디 스프링 프렌드 학교와 트리니티 대학을 졸업했으며, 알래스카의 페어뱅크스에 정착해서 살고 있었다.

말로 표현할 수 있는 가르침들

하지만 영적인 문제들이 특별한 방식으로 소개될 필요가 있는 시간들도 있다. 발도르프 학교에서 그런 것처럼 선생님들이 긴 시간 동안 아이들과 부모들과 관계를 맺게 되면, 삶의 기쁨과 슬픔을 함께 나누게 된다.

할아버지가 돌아가셨을 때 선생님은 아이에게 뭐라고 말해야 할까? 또는 아이 어머니가 돌아가셨을 때는 아이에게 뭐라고 말해야 할까? 아마 훨씬 어려운 문제일 것이다. 다른 학생이 죽었을 때는 아이들에게 뭐라고 해야 할까? 그들은 사라져 버린 것일까? 아니면 가까이 있는 것일까? 어떻게 우리는 삶을 축하하면서 동시에 슬픔을 표현할 수가 있을까?

이렇듯 우리가 어쩔 수 없이 겪게 되는 비극적인 사건들에 학교가 의미를 부여하고 겸손한 태도로 학생들과 슬픔을 나누는 일은 매우 중요하다. 뉴욕의 세계무역센터가 공격을 받아 무너진 사건이나 오클라호마 시에서 폭탄 테러 사건이 일어났을 때, 선생님이 아이들에게 하는 이야기는 앞으로의 삶에 중요한 영향을 미칠 것이다.

내가 고등학생이었을 때 존 F. 케네디(John F. Kennedy)*가 암살당했는데, 그날 영어 선생님이 우리에게 해주었던 말이 내 마음속에 그토록 오래 남아 있었던 것처럼 말이다.

영적인 문제와 관련해서는 다양한 연령대의 아이들을 조심스레 안내할 필요가 있다. 이 어려운 주제에 미약하나마 약간의 빛을 비추어 주려는 선생님의 시도들이 중요할 것이다. 왜냐하면 아이들은 그런 시도들을 보면서 자기의 영적인 생각들도 소중하다는 것을 알아차리기 때문이다.

비극적인 일이 일어났을 때, 발도르프 선생님들은 수 세기 동안 전 세계의 사람들이 도움을 청하면서 의지하고 있는 자료들과 방법들에 역시 의지한다. 여기에는 이야기들, 음악, 영감을 주는 시들, 침묵하면서 깊이 생각하는 시간들이 있는데, 이것들이 아이들에게 위로와 위안을 줄 수 있을 것이다. 또한 아이들이 삶의 신비들에 스스로 해답을 찾아낼 수 있도록 올바른 분위기를 제공할 수 있을 것이다. 여기 내가 가르치고 있는 학생 하나가 언젠가 내게 주었던 시 한 편이 있다.

그리고 밤이 되어 무거운 지구가 아래로 떨어지고 있고,
어두움으로부터 외로움 속으로 우리가 떨어지고 있다네,
그러나 떨어지는 것들을 꼭 붙잡아 주는 신성한 분이 계셔서,

---

* 존 F. 케네디(1917-1963): 미국의 35대 대통령. 재임 중에 암살당했다.

끊임없이, 부드럽게, 자기 손으로 붙잡아 준다네.

- 라이너 마리아 릴케(Rainer Maria Rilke)[*], 시 〈가을(Autumn)〉 중에서

* 라이너 마리아 릴케(1875-1926): 프라하 태생의 오스트리아 시인. 섬세한 감수성으로 깊이 있는 감정의 시들을 많이 썼다.

도덕교육

학생들을 영적으로 교육하는 것에 관한 논의들 중에서 아마도 가장 큰 관심을 차지하는 것은 도덕교육일 것이다. 부모들과 선생님들 생각에 도덕교육이 학교 프로그램의 일부분이 되어야 한다는 것이 점점 더 분명해지고 있기 때문이다.

미국의 전임 교육부 장관이었던 빌 베넷(Bill Bennett)에 따르면, "몇몇 학교들에서 우리가 직면하고 있는 문제들이 있다. 즉 학교에서 너무나 많은 부정행위들, 도둑질 등이 일어나고 있으며, 가장 나쁜 경우로는 폭력적인 범죄들까지 일어나고 있는 실정이다. 또 상스러운 말과 선생님들에게 심하게 대드는 일까지 수용되고 있다. 어떤 학교 관리자들은 학부모가 소송을 제기할까 봐 두려워서 강력한 도덕적 입장을 취하는 것을 겁내고 있다. 학교 졸업생들 중에는 도덕적으로 지켜야 하는 보편적인 기준 같은 것은 없다고 믿는 사람들이 많이 생겨나고 있다. 또한 점점 더 많은 아이들이 옳고 그름에 대해서 모호한 느낌을 갖고 있다."[5]

많은 부모들 역시 이런 우려에 대해 공감하기 때문에, 모든 교실에서 또 모든 과목에서 아이들에게 도덕교육을 할 수 있어야 하고, 해야 한다고 믿고 있다.

이것은 학교들과 우리 사회가 해결해야 할 중대한 문제지만 또 대단히 복잡한 문제이기도 하다. 마르틴 부버는 자신의 에세이 〈인성 교육(The Education of Character)〉에서 도덕교육이 지니고 있는 아주 어려운 특성을 잘 지적하고 있다.

"그런데 내가 인성 교육에 관심을 갖게 된다면, 모든 것들이 문제가 될 것이다. 나는 학생들에게 질투가 비열한 것임을 설명하려고 애쓸 것이다. 그러자마자 자기 친구들보다 훨씬 가난한 아이들이 보여 주는 비밀스러운 반항을 느끼게 될 것이다. 나는 약한 사람을 괴롭히는 일은 사악한 짓임을 설명하려고 애쓸 것이다. 그러자마자 힘센 아이의 입술 위로 억눌린 미소가 번지는 것을 보게 될 것이다. 나는 거짓말이 삶을 파괴한다는 것을 설명하려고 애쓸 것이다. 그러면 곧이어 불쾌한 일이 일어날 것이다. 즉 반에서 가장 습관적으로 거짓말을 하는 아이가 거짓말이 지니고 있는 파괴적인 힘에 대해서 명석한 에세이를 쓸 것이란 뜻이다. 이렇게 나는 윤리 문제를 가르치는 일에서 피할 수 없는 실수들을 저지르곤 했다."[6]

도덕적인 문제와 관련해서 아이들을 도우려고 애쓰는 일은 광범위하게 모든 것들을 포괄해야 하는 일이다. 또 머리, 가슴, 손이라는 세 가지 차원이 함께 작업해야 하는 일이다. 단지 "머리"로만 배울 수 있는 문제가 아니란 뜻이다. 아이들의 영적인 행복에 관심이 있는 교육자에게는 이 사실이 아주 중요할 것이다. 즉 도덕적 문제들이 아이들의 마음을 움직여야 하고, 나날의 학교생활 속에서 분명한 방식으로 드러나야 한다는 사실이 아주 중요하다.

발도르프 학교에서 아이들이 좋은 공부 습관을 기르도록 하는 일은 초등학교 1학년 때 맨 처음으로 배우기 시작하는 도덕교육의 한 부분이다.《영혼을 탐구하는 교육(Education in Search of the Spirit)》에서 존 가드너는 "도덕성과 앎의 경험"이란 소제목으로 이렇게 말하고 있다.

"응답할 수 있는 학생의 전체 힘을 이끌어 내는 데 실패한다면, 어떤 지식을 얻든지 간에 학생들의 도덕적 발달에 해로운 결과를 초래할 것이다… 학생들은 지금 몰두하지 않는 법을 훈련받고 있기 때문이다. 이런 학생들은 친밀한 방식으로나 깊이 있는 방식으로 응답을 해야 한다는 사실을 전혀 알지 못하고 있다. 그래서 세상은 그들 눈앞에서 별다른 의미나 중요성이 없는 한 편의 영화처럼 스쳐 지나갈 것이다.

그런 까닭에 이 아이들한테는 뭔가가 빠져 있는데, 바로 깊은 차원에서 자신의 영혼과 관계 맺는 것을 전혀 모른다는 점이다… 도덕적인 문제에서 '난 상관없어' 하는 태도는 배움에 대해서도 '난 상관없어' 하는 태도와 직접적으로 연결된다. 이처럼 학생들이 도덕적으로 계속 무책임하게 생각하고 행동한다면, 학창 시절 동안 배움과 관련해서도 결국 심리적으로 반응하지 않는 태도를 취하게 될 것이다."[7]

도덕교육은 또한 학교에서 아이들에게 들려주는 이야기들을 통해서도 일어난다. 발도르프 선생님들은 빌 베넷의 주장한 바에 동의할 것이다. "훌륭한 인성을 가르치는 일에서 문학이 지닌 힘을 결코 과소평가해서는 안 된다. 이야기들과 시들은 학생들이 선과 악이 어떤 모습인지를 알 수 있게 도와줄 것이다. 그것들은 또한 아이들이 모방할 수 있는 영웅들을 제공해 준다. 이야기 속에 있는 도덕적인 가르침들은 아이들의 가슴속에 남아 계속 머물러 있을 것이다."[8]

그 사람이 어떤 종교나 전통 속에 살았건 상관없이, 보다 높은 원리들에 따라 살았던 사람들에 대한 이야기들은 학생들에게 영감을 줄 것이다. 또 학생들이 자기 자신의 삶을 잘 살도록 안내해 줄 것이다. 그것이 붓다의 이야기든, 크레이지 호스(Crazy Horse)*, 마더 테레사(Mother Theresa)**, 넬슨 만델라의 이야기든 상관없이 학생들은 이들의 모습에 감동을 받아서 정서적으로 안내를 받게 될 것이다. 보다 높은 이 원리를 다르마(dharma)***, 의식, 선함, 용기, 사랑, 연민 등 다양하게 부를 수 있을 것이다.

어떻게 부르든 상관없이 그 인물들이 구현하고 있는 이상들이 아이들의 일상적인 삶과 맺어지게 된다면, 아이들은 온전한 자기

---

* 크레이지 호스: 아메리카 인디언 수족의 추장. 백인과의 전투마다 승리를 거두었던 영웅이었으며, 무의미한 협정에는 서명하지 않았다고 한다. 1877년 휴전 중에 백인 군인에 의해 암살당했다.

** 마더 테레사(1910-1997): 인도에서 빈민 구제에 헌신한 가톨릭 수녀. 노벨평화상을 받았다.

*** 다르마: : 힌두교와 불교에서 우주의 본질적 특성, 이치, 덕을 뜻하는 용어.

잠재력을 충분히 발휘한 사람들이 있다는 것을 알아차리게 될 것이다.

인간 존재의 의미가 무엇인지에 대한 포괄적인 이해력은 계절에 따라서 아이들의 마음을 움직였던 이야기들을 통해서 길러지게 될 것이다. 또 아이들이 세상과 연결되어 있음을 보여 주는 상상력 풍부한 생각들을 통해서 길러질 것이고, 교육을 머리, 가슴, 손이라는 세 가지 차원의 방식으로 접근하는 일을 통해서 그런 이해가 길러질 것이다.

아이들이 온전한 인간이라는 이 개념을 갖도록 격려하고 북돋우는 일은 발도르프 학교와 선생님들이 해야 하는 임무다. 그리고 계속 새롭게 추구하고 다시 찾아내야 하는 임무이기도 하다. 이 새로운 부활이 때로는 영감을 주는 교육적인 읽을거리들로부터 나올 수도 있고, 선생님이 개인적으로 명상하고 성찰하는 일을 통해서 나올 수도 있다. 때로는 그냥 자연스레 일어나서 선생님을 깜짝 놀라게 할 때도 있을 것이다.

따스한 5월의 어느 날이었다. 거의 완전한 일식이 예상되는 날이었지만, 날씨가 협조해 줄지는 아무도 확신하지 못하고 있었다. 구름이 아주 많은 흐린 날이었기 때문이다. 하지만 나는 책임을 맡은 교사였고, 그래서 내가 맡고 있는 3학년 아이들에게 태양을 직접 보지 않고도 일식을 관찰할 수 있는 간단한 방법을 설명하고 보여 주었다. 아주 작은 구멍이 뚫린 하얀 종이 한 장을 활용해서 말이다.

학생들과 나는 밖으로 나갔다. 하지만 잔뜩 흐린 하늘이라서 일식을 제대로 보기가 불가능했다. 20여 분 가량이 지난 후에 아이들과 나는 태양이 구름 뒤에서 나오고 있는 모습을 보았다. 우리는 가져온 종이를 꺼내서 그곳에 뚫린 구멍이 태양을 향하도록 맞추었다. 그런 다음 눈을 가늘게 뜨고서 우리가 만들어 낸 일식을 짐짓 관찰했다. 이런 식으로 일식을 보는 것이 만족스러운 일이었다고 말한다면 거짓말일 것이다.

그런 다음 교실로 다시 돌아가려고 하는데, 프리즘을 통해 비치는 빛들처럼 분극화된 오묘한 빛들이 학교 운동장에 환히 빛나고 있는 게 보였다. 정말로 아름다운 날이었다. 몇몇 아이들은 줄넘기를 하고 있었고, 몇몇 아이들은 야구 모자를 쓴 채 포장된 길에 앉아 있었다. 그런데 태양빛이 근처에 걸려 있는 밧줄의 고리 구멍을 통해 비추면서 그곳에 초승달 모양의 그림자를 만들어 놓고 있었다. 그물처럼 성기게 짠 옷을 입은 아이 하나가 그 초승달 모양의 그림자 위를 성큼성큼 걸어가자 열두어 개의 초승달 모양의 태양이 아이의 무릎 위에서 아름답게 빛났다. 나는 아이들의 창의적인 재주에 경탄을 금할 수가 없었다. 그걸 보면서 내가 너무 나이가 들고 상상력이 없는 것처럼 느껴졌다.

운동장을 한 바퀴 돌아서 나는 어떤 나무 아래를 지나가고 있었다. 그런데 그 나무 아래의 땅바닥에도 수백 개의 작은 부분 일식들이 빛나고 있었다. 나뭇잎으로 둥글게 덮인 틈새들 사이로 빛이 비춰 들고 있어서 각각의 그림자들이 마치 부분 일식들처럼 보였던 것이다. 나는 경외심에 사로잡혔다. 그때 나에게 문득 떠오른 생각은 각각의 빛들이 놀라운 방식으로 태양의 이미지를 전해 주고 있다는 사실이었다. 이와 똑같은 방식으로 개별적인 아이들 모두는 각자가 신성의 이미지를 지니고 있다는 생각이 들었다. 그리고 나는 제각기 신성의 이미지를 지닌 이 아이들에 둘러싸인 채서 있었던 것이다. 부분 일식이 보여 준 것처럼 다양한 방식으로 자신의 신성한 빛을 찬란하게 지니고 있는 아이들 한가운데 말이다. 나는 이제야 아이들의 참된 본성을 분명히 볼 수 있었다. 또 아이들과 함께 하는 내 일의 참된 본성이 무엇인지도 분명히 볼 수 있었다. 그것은 바로 우리 인간을 영적으로 이해하는 일을 통해서 발전되고 구체화되는 일이었다.

감사의 말

이 책이 만들어질 수 있었던 것은 리처드 에일레스, 바버라 베딩필드, 돌아가신 에드워드 임페라토 대령의 노력과 필리스 노먼의 관대함이 있어서 가능했다. 그들의 선견지명과 꾸준한 지지와 자금모금 덕분에 이 책을 기획할 수 있었다.

많은 사람들이 이 책에 나오는 교육에 관련된 아이디어들을 구체적으로 발전시키도록 도움을 주었다. 그들 중에서 존 가드너, 리 리크러, 그리고 애들피 대학교(Adelphi University) 내 발도르프 연구소의 셸던 스테프에게 가장 먼저 감사드린다. 그들은 발도르프 교육의 견실한 토대를 제공해 주었으며, 선생님이 된다는 것이 무엇을 의미하는지를 내가 이해할 수 있도록 도와주었다. 그렇게 높은 기준을 세워 준 것에 대해서 그들에게 감사한다.

그 밖에도 고마운 내 친구들과 워싱턴 발도르프 학교 동료들이 있다. 또한 내게 가르친다는 것과 나 자신에 대해 너무나 많은 것들을 가르쳐 준 학생들이 있다. 그들의 노력, 그들의 열정, 무엇보다도 그들의 인내심에 정말로 고마움을 전하고 싶다.

마지막으로, 이 책을 쓰는 데 도움을 준 사람들에게 감사드린다.

노바 연구소(Nova Institute)에 있는 내 동료들인 바르바리나 헤위에르달, 브루스 리본. 내 편집자들인 캐시 샤르네르, 케이트 쿤. 이들의 전문성과 감수성은 함께 어울려서 완벽한 짜임새를 이루어 냈다.

제릴린 레이 셸리의 헌신적인 카메라 작업과 관찰력에 대해 그리고 E. F. 웬의 아름다운 칠판 그림에 감사한다. 레리 코너와 볼티모어 발도르프 학교가 제공해 준 몇몇 학생들 사진에 감사한다.

바네사 장과 트리아 장, 매긴 샤르네르, 찰스 커비 브랜트, 엠마 헤이어맨, 샘 샤르네르, 아바 페트라시가 자신들의 모범적인 연구들을 공유해 준 것에 감사한다. 그리고 그리폰 하우스의 칩 루드, 친구이자 출판인인 그에게 감사를 전한다.

참고 문헌

1장

1. Pollack, W. (1999), 《Real boys: Rescuing our sons from the myths of boyhood》, New York: Henry Holt.

2. Ayers, W. (1993), 《To teach: The journey of a teacher)》, New York: Teachers College Press, p.116.

3. Gardner, H. (1993), 《Frames of mind: The theory of multiple intelligences》, New York: Basic Books, p.4.

4. 3번과 같은 책, p.7.

5. Schwartz, E. (1992), Holistic assessment in the Waldorf school, 〈Holistic Education Review〉, 5 (4), p.31-37.

2장

1. Higgins, J. (1970), 《Beyond words: Mystical fancy in children's literature》, New York: Teachers College Press, p.87.

2. Gardner, J. F. (1996), 《Education in search of the spirit》, Hudson, NY: Anthroposophic Press, p.73.

3. Cordes, C. & E. Miller. (2000, September 12), 《Fool's gold: A critical look at computers in the classroom》, College Park, MD: Alliance for Childhood, p.7.

4. DeBrosse, J. (1997, August 4), Schools try longer classes, faster pace, 〈Chicago Sun Times〉, 1B, 4B.

3장

1. Cooke, S. (December, 1988), 《Reader's digest》, Pleasantville, NY: Reader's Digest Association, Inc. p.93.

2. Steiner, R. (1996), 《The education of the child and early lectures on education (a collection)》, Hudson, NY: Anthroposophic Press, p.19.

3. Healy, J. (1990), 《Endangered minds: Why children don't think》, New York: Touchstone, p.51.

4. Hart, L. (1983), 《Human brain and human learning》, New York: Longman.
Jensen, E. (1997), 《Teaching with the brain in mind》, Alexandria, VA: ASCD.

5. Goral, M. & J. Chlebo. (2000), Where's Waldorf? 〈Encounter: Education for Meaning and Social Justice〉, 13 (3), p.43-52.

6. 3번과 같은 책, p.67.

7. Zernike, K. (2000, October 23), No time for napping in today's kindergarten, 〈New York Times〉, p.A-1.

8. Jambor, T. (Fall, 1994), School research and social development, 《Dimensions of

Early Learning》, p.17-20.

9. Rogers, C.S. & J.K. Sawyers. (1988), 《Play in the lives of children》, Washington, DC: National Association for the Education of Young Children, p.64.

10. Pearce, J.C. (Fall, 1993), Child's play, 〈Suncoast Waldorf Association: Teaching as an Art Newsletter〉.

11. Foster, N. (May, 1999), How do you choose toys and play materials for the classroom? 〈In a Nutshell〉, Silver Spring, MD: Acorn Hill Children's Center.

12. Davey, L.D. (1999), Play and teacher education, In M. Guddemi, T. Jambor, & A. Skrupskelis (Eds.), 〈Play in a changing society〉(p.42), Little Rock, AR: Southern Early Childhood Association.

13. 2번과 같은 책, p.18.

4장

1. Gardner, J. F. (1996), 《Education in search of the spirit》, Hudson, NY: Anthroposophic Press, p.81.

2. Healy, J. (1990), 《Endangered minds: Why children don't think》, New York: Touchstone, p.125.

3. 2번과 같은 책, p.212.

4. Eisner, E. (1998), 《The kind of schools we need》, Portsmouth, NH: Heinemann, p.57.

5. Sylwester, R. (1998), Art for the brain's sake, 〈Educational Leadership〉, 56 (3), p.31-35.

6. Egan, K. (1992), 《Imagination in teaching and learning》, Chicago, IL: University of Chicago Press, p.60.

7. Murray, D. (1996), 《Crafting a life in essay, story, poem》, Portsmouth, NH: Heinemann.

8. Smith, B. (1943), 《A tree grows in Brooklyn》, New York: Harper Perennial, p.161-162.

9. Weinberger, N.M. (1998), The music in our minds, 〈Educational Leadership〉, 56 (3), p.36-40.

10. Rossi, R. (1999, October 17), Familiar teachers, 〈Chicago Sun Times〉, A-24.

11. Desmon, S. (2001, December 9), New grade, same teacher, 〈The Baltimore Sun〉, p. A-1.

12. 10번과 같은 기사.

5장

1. Krishnamurti, J. (2000), Educating the educator, 〈Parabola〉, 25 (3), 85-89.

2. Gerwin, D. & L. Harris. (1997), 《Genesis of a Waldorf high school: A source book》, Wilton, NH: High Mowing School, p.12.

3. 2번과 같은 책, p.13-14.

4. Sizer, T. (1984), 《Horace's compromise: The dilemma of the American high school》, New York: Houghton Mifflin, p.89.

5. Gardner, H. (2000), 《The disciplined mind: Beyond facts and standardized tests》, New York: Penguin Books, p.19.

6. National Association of Secondary School Principals. (1996a), 〈Breaking new ranks: Changing an American institution〉, Reston, VA: Author, p.30.

7. Boyer, E. (1983), 《High school: A report on secondary education in America》, New York: Harper & Row, p.66-67.

8. 5번과 같은 책, p.20.

9. National Association of Secondary School Principals. (1996b), 〈Breaking new ranks: Changing an American institution: An executive summary〉, Reston, VA: Author, p.11.

10. 4번과 같은 책, p.161-162.

11. Brookes, G. (1987), 《Blacks》, Chicago: Third World Press.

12. Shore, B. (1999), 《The cathedral within: Transforming your life by giving something back》, New York: Random House, p.79.

13. Fowler, C. (1996), 《Strong arts, strong schools: The promising potential and shortsighted disregard of the arts in American schools》, New York: Oxford University Press, p.12-13.

6장

1. Petrash, J. (2000), 《Covering home: Lessons on the art of fathering from the game of baseball》, Beltsville, MD: Robins Lane Press, p.26.

2. Cordes, C. & E. Miller. (2000, September 12), 《Fool's gold: A critical look at computers in the classroom》, College Park, MD: Alliance for Childhood.

3. Healy, J. (1990), 《Endangered minds: Why children don''t think》, New York: Touchstone, p.80.

7장

1. Palmer, P. J. (1998), 《The courage to teach: Exploring the inner landscape of a teacher's life》, San Francisco: Jossey-Bass, p.10-11.

2. Egan, K. (1992), 《Imagination in teaching and learning》, Chicago, IL: University of Chicago Press, p.113.

3. Levy, S. (1996), 《Starting from scratch》, Portsmouth, NH: Heinemann, p.148-151.

4. 1번과 같은 책, p.51-54.

5. Steiner, R. (1996), 《The education of the child and early lectures on education (a collection)》, Hudson, NY: Anthroposophic Press, p.25.

6. Kennedy, M. (2001), 《Lessons from the hawk》, Brandon, VT: Holistic Education

Press, p.1.

7. Petrash, J. (2000), 《Covering home: Lessons on the art of fathering from the game of baseball》, Beltsville, MD: Robins Lane Press, p.55.

8장

1. Kozol, J. (2000), 《Ordinary resurrections: Children in the years of hope》, New York: Crown, p.42.

2. Gardner, J. F. (1996), 《Education in search of the spirit》, Hudson, NY: Anthroposophic Press, p.25-27.

3. Steiner, R. (1994), 《How to know higher worlds: A modern path to initiation》, (Christopher Bamford, Trans.) Hudson, NY: Anthroposophic Press. (Original work published 1904-1905), p.22-23.

4. Sizer, T. (1984), 《Horace's compromise: The dilemma of the American high school》, New York: Houghton Mifflin, p.123.

5. Bennett, W. (1999), 《The educated child: A parents' guide》, New York: Free Press, p.524.

6. Buber, M. (1965), 《Between man and man》, New York: Macmillan, p.104.

7. 2번과 같은 책, p.108.

8. 5번과 같은 책, p.536.